古代歷史文化研究輯刊

二二編

王明蓀 主編

第 **4** 冊

拓跋政權的政治與社會認同（上）

羅文星 著

國家圖書館出版品預行編目資料

拓跋政權的政治與社會認同（上）／羅文星 著 -- 初版 --
新北市：花木蘭文化事業有限公司，2019〔民 108〕
目 4+158 面；19×26 公分
（古代歷史文化研究輯刊 二二編：第 4 冊）
ISBN 978-986-485-898-9（精裝）
1. 政治認同 2. 民族認同 3. 南北朝
618   108011796

古代歷史文化研究輯刊
二二編　第四冊　　　　　　ISBN：978-986-485-898-9

拓跋政權的政治與社會認同（上）

作　　者　羅文星
主　　編　王明蓀
總 編 輯　杜潔祥
副總編輯　楊嘉樂
編　　輯　許郁翎、王筑、張雅淋　美術編輯　陳逸婷
出　　版　花木蘭文化事業有限公司
發 行 人　高小娟
聯絡地址　235 新北市中和區中安街七二號十三樓
　　　　　電話：02-2923-1455／傳眞：02-2923-1452
網　　址　http://www.huamulan.tw 信箱 hml810518@gmail.com
印　　刷　普羅文化出版廣告事業
初　　版　2019 年 9 月
全書字數　294016 字
定　　價　二二編 25 冊（精裝）台幣 63,000 元

拓跋政權的政治與社會認同（上）

羅文星　著

作者簡介

羅文星，出生於桃園縣新屋鄉，在春耕夏耘秋收冬藏的時序中成長。自桃園農工機械工程科畢業，轉彎考入中國文化大學史學系。知識學術氛圍的薰陶下，逐漸專注於中國中古史，並考入文化大學碩士班研修。進入中正大學歷史系博士班階段，從學於雷家驥老師與毛漢光老師，在學術各層面得到充實的學習，確立以北朝史作為邁向學術研究的起始領域。生命中各式風景與廣泛教學經歷的影響，促使研究上儘量全面掌握歷史文化的脈動與完整性，這本書就是一個嘗試性的開始。

提　　要

　　拓跋政權從北方草原逐步南下，終於在中原建立北魏帝國，過程中最大困難在胡漢民族間的文化差異，本文進一步從政治與社會認同的角度加以討論。

　　雖然部落的傳統力量在拓跋政權轉型過程中造成阻力，但北魏拓跋政權仍優先認同所屬的游牧部落群體及其文化系統，以維持政權穩固與擴張。進入中原以後，北魏政治力難以介入具強大凝聚力與認同感的漢人社會與士族群體。因此，北魏在政治上逐形成穩定的胡漢民族參與政權管道並以官爵機制來延續雙方的地位，由此來平衡政權的權力基礎並凝聚政治認同。在社會上以聯姻方式整合漢族門第的社會力量，並以各種方式整合各地方的勢力，試圖建立具一致性的社會認同。在密切的接觸、整合過程中，能發揮潛隱而穩定的效果，創造出相當程度跨民族的政治與社會認同。然而，當從中原深具傳統的士族立場觀察北魏的發展時，使其遭遇相當的挑戰。士族憑藉知識文化的優勢與創造的價值，逐步在政治與社會領域滲透、擴展而形成不小的力量，終於促使高祖突破胡族部落傳統與限制而進行政治社會體的全面改革。因此，北魏拓跋政權政治與社會認同的凝聚塑造過程中，實已融匯了漢人士族所承載、實踐的傳統文化。

目

次

第一章　緒　論

一、研究動機

　　提到北魏拓跋歷史的研究，映入眼簾的第一印象大概就是：拓跋鮮卑以游牧民族強大的軍事武力統有北中國，且立國時間長達約一百五十年之久。若習慣地立於漢人立場看待此事，則可能說成：北魏是相當成功統治中原漢人世界的游牧政權，或者，認為北魏歷史發展的過程終究是走向「漢化」的。這耳熟能詳的普遍歷史見解，就是目前主要輔助我們認識北魏的參考架構，也影響了我們的歷史視野。既有的成果，是基礎，也是限制所在。究竟還可以如何認識北魏歷史、如何解釋北魏歷史，仍是值得嘗試的一件工作。

　　在一開始，面對北魏龐大複雜世界的此時，本文先引一段《魏書》記載作為開始：

> 五十八年（277 年），方遣帝（文皇帝）。始祖聞帝歸，大悅，使諸部大人詣陰館迎之。酒酣，帝仰視飛鳥，謂諸大人曰：「我為汝曹取之。」援彈飛丸，應弦而落。時國俗無彈，眾咸大驚，乃相謂曰：「太子風彩被服，同於南夏，兼奇術絕世，若繼國統，變易舊俗，吾等必不得志，不若在國諸子，習本淳樸。」咸以為然。且離間素行，乃謀危害，並先馳還。始祖問曰：「我子既歷他國，進德何如？」皆對曰：「太子才藝非常，引空弓而落飛鳥，是似得晉人異法怪術，亂國害民之兆，惟願察之。」自帝在晉之後，諸子愛寵日進，始祖年踰期頤，頗有所惑，聞諸大人之語，意乃有疑。因曰：「不可容者，

便當除之。」於是諸大人乃馳詣塞南，矯害帝。〔註1〕

這是一段《魏書》記載的北魏早期史料，我們從這裡開始討論。此事之前的背景是，始祖神元皇帝拓跋力微創新執行與南方漢人政權的外交友好政策，二度被派往南方的文皇帝拓跋沙漠汗事實上是以質子的身分前往，在停留數年之後終得返回，年老的拓跋力微滿心高興地派部落大人前往迎接，遂發生這意義非凡的事件。

就這事件來觀察，可以討論的層面頗多。在此事發生的前年，即五十六年（275年）時，拓跋沙漠汗再度前往西晉朝貢，並預備在該年冬天返回。就在離開而抵達并州之時，「晉征北將軍衛瓘，以帝為人雄異，恐為後患，乃密啓晉帝，請留不遣。晉帝難於失信，不許。瓘復請以金錦賂國之大人，令致間隙，使相危害。晉帝從之，遂留帝。於是國之執事及外部大人，皆受瓘貨」。〔註2〕原來正當西晉衰微之時，衛瓘設計出賄賂離間拓跋部落內諸部大人的方法，以防止拓跋部落政權的威脅擴大。所以，細查此事的發展經過，可知受賄賂的諸部落大人乘著拓跋力微「年踰期頤，頗有所惑」的衰老狀況下，共同矇騙拓跋力微而設計出殺除拓跋沙漠汗的事件。觀察這個「援彈飛丸」事件過程的重要脈絡在於，受賄賂離間的部落大人們找到非常重要的關鍵切入點，即拓跋沙漠汗「若繼國統，變易舊俗，吾等必不得志」。此一「變易舊俗」的本質，以當時拓跋部落政權與西晉所處環境來考量的話，即是胡（游牧）與漢（農業）文化的區別。〔註3〕以下進一步剖析此關鍵點。

拓跋沙漠汗在事件發生之前曾經居住洛陽約共長達七年，從261到267年，歷經魏晉政權的轉換。其間他與魏人「聘問交市，往來不絕」。在如此環

〔註1〕 北齊・魏收，《魏書》（台北：鼎文書局，1990年7月6版）卷1，〈序紀〉，頁4～5。唐・李延壽，《北史》（台北：鼎文書局，1991年4月7版）卷1，〈魏本紀〉，頁3，所載內容不及《魏書》具體清楚。宋・司馬光，《新校資治通鑑注》（台北：世界書局，1987年1月10版）卷80，〈晉紀二〉，武帝咸寧三年條，頁2548，所載著重於衛瓘的離間。

〔註2〕 《魏書》卷1，〈序紀〉，頁4。

〔註3〕 關於此一事件，本文另從認同危機感來加以解讀。河地重造，〈北魏王朝の成立とその性格について〉，《東洋史研究》第12卷第5號（1953年），頁21視之為傳統部落體制對王制的反擊對抗；田村實造，〈拓跋族の歷史的發展〉，收入氏著，《中國史上の民族移動期—五胡・北魏時代の政治と社會》（東京：創文社，1985年3月），頁196以為是從部族推戴制發展到世襲制的過渡期所產生的事件；李明仁，〈鮮卑拓跋氏君主繼承制度研究〉，《興大人文學報》第34期（2004年6月），進一步提出君主繼承制度加以擴大申論。

境的自然影響下，拓跋沙漠汗的「風彩被服，同於南夏」，可說只是入境隨俗而已。對於拓跋沙漠汗而言，即使順利「繼國統」以後，是否會「變易舊俗」都尚未可知。可是，這對身處游牧區且熟悉游牧文化體系的部落大人而言，有著強烈非屬我群體的意義，已然在其心中畫出彼此區隔的界線。事實上，「援彈飛丸」可能只是拓跋沙漠汗在洛陽所學到的其中一件事而已。可是，部落大人在接受賄賂的心理作用下，加上對漢文化的高度反感，因此，他們向拓跋力微的報告說詞，遂成為「得晉人異法怪術，亂國害民之兆」。將拓跋沙漠汗的「援彈飛丸」技藝，給予扭曲解釋並擴大會危及部落政權的穩定秩序。然而，之所以引起部落大人如此的言行，是值得進一步深思的。

　　部落大人們接受衛瓘的賄賂，能夠引發他們採取行動以爭奪利益，就是在游牧部落傳統領導者推選制的背景下。當時，嫡長子繼承制尚未成形，他們認為與其讓拓跋沙漠汗「繼國統，變易舊俗」而採行漢文化，他們的利益恐將受損，不如「在國諸子，習本淳樸」延續胡文化，較能符合他們的利益。所以，若就部落大人當時的思維而言，他們當然從自身游牧生活經驗出發來評判、解釋拓跋沙漠汗的言行。由此，他們主觀上認為曾經居住洛陽的太子「若繼國統，變易舊俗，吾等必不得志」，並對其「援彈飛丸」之舉，解釋為「得晉人異法怪術，亂國害民之兆」，遂能產生上述串聯誅殺太子拓跋沙漠汗的政治謀殺行動。由此可見，拓跋沙漠汗此一原本不應具有政治、文化意義的「援彈飛丸」技術層面事件，卻因觸及拓跋部落大人的文化危機感與實質的政治利益，遂引爆為拓跋政權內的嚴重衝突。

　　若細察此事件，能夠成為謀殺拓拔沙漠汗的核心因素，本質就是胡（游牧）文化與漢（農業）文化的落差與衝突。此由上述拓拔沙漠汗可能的「變易舊俗」與「在國諸子，習本淳樸」的對比中呈現出這個深沉、巨大的文化性問題。部落大人們認同於傳統游牧文化而排斥漢人農業文化，由此遂產生文化危機感，也由此認同危機感凝聚落實為具體的行動力量。

　　再者，就長時段的歷史演變過程來看，「援彈飛丸」事件蓋是拓跋政權長期向中原地區發展趨勢下所產生認同問題的初步呈現。因為，隨著拓跋政權逐漸進入漢人久居的中原地區，又有龐大漢人社會群體各種力量的加入參與，必定使得此一認同問題更加複雜。畢竟，胡人與漢人在文化差異的環境裡，面對著胡文化與漢文化的對比並列情況，並考慮其自身在現實環境中的種種利害關係，也會產生其所選擇的各式認同取向與行動。面對如此的情況，

拓跋政權在其逐步建構政權基礎與穩定的過程中，就必須面對、處理胡、漢兩方不同的態度與力量。而且，隨著時間與世局的推演，兩方或許終究必須凝聚融會出共同的各項認同，才得以使雙方的關係趨於穩定。在這樣的過程中，胡、漢維持各自的認同與形塑共同認同之間的複雜關係，如同兩股力量間的拉扯，應是拓跋政權內最難以克服的問題。因此，基於這樣的歷史認知與假設，將「援彈飛丸」事件作為觀察拓跋政權歷史文化演進的起始指標性事件。

再者，回顧拓跋政權組織結構的發展，〔註 4〕在各個階段的性質都有不同，會影響、改變其政治社會體的認同情況。第一，本文以出現史跡至獻帝拓跋隣「七分國人」時期為部落聯盟的早期發展階段，此時從小型的部落聯盟逐步發展至頗具規模的部落聯盟政權，且已有與其他部落聯盟政權競爭、對抗。第二，獻帝拓跋隣以後至道武帝拓跋珪，本文視為部落聯盟的擴大發展階段。這個時期雖曾出現暫時的分裂瓦解，但此時仍逐步擴充壯大部落聯盟政權，尤其是向南中原世界的擴展很有進展。這個時期隨擴充發展，不僅逐步組織出部族政權的體制，而且也已開始吸收漢人體制。

第三，拓跋珪立國以後，一般視為歷史分期上「北魏」時代的開始，本文視此時為學習帝國體制階段。此時雖已有帝國名號且統治中原，但此時本質上以部族政權的體制統治，故此時可說是拓跋政權邁向帝國體制的階段。待至世祖統一北方中原世界，大致完成帝國體制的組織架構。然而，拓跋政權仍是以部族傳統為基礎，來逐步建構政權組織。第四，待高祖太和年間推出系列改革，企圖重新組合胡、漢傳統，建構出傾向漢化的新帝國體制，才使拓跋政權的性質產生激烈的轉變。因此，本文依據上述拓跋政權組織不同階段的發展，作為本研究進行的歷史背景。〔註 5〕

在這個歷史發展過程中，尤其拓跋珪立國以後，北魏拓跋政權試圖統治中原漢人地區並創制新政治社會組織結構時，原有漢人世界的政治與社會結構版圖隨之改變，胡人世界亦是如此。因此，兩民族群體便必須廣泛地面對

〔註 4〕 本文所謂的政權（Regime），是指已有領導組織的政治實體，並在管轄範圍內行使相當的統治權。政權再發展便至國家（Natuon／State）階段，必須進一步具備主權、正統地位、國際承認等條件。本文以拓跋珪建立北魏，作為政權與國家的分界線。

〔註 5〕 考量各政治發展期的不同屬性，本文在行文中對拓跋珪立國以前稱「拓跋政權」，立國以後稱「北魏政權」或是「北魏拓跋政權」。

面直接接觸，展開複雜的政治性與社會性互動。此一發展趨勢，如就其本質而言，就是廣泛胡族所代表的游牧文化與漢人所代表的農業文化之間展開密切的互動。基本上，絕大多數群體都是優先認同其所屬的文化系統，並在複雜互動過程中持續地凝聚、維持其文化的發展動力。如今，兩大文化體系直接碰頭時，勢必產生複雜的演變而值得探討。

進一步而言，群體性的游牧文化與農業文化，自然是衍生創設其所屬政治社會結構一切機制或是文化體系的基礎條件，也是人群區別政治認同、社會認同或是文化認同等的重要標誌。也就是說，構成該時代之政治社會體的原始基礎。但是，當一文化群體擴充發展至必須突破自身的政治社會界線時，就便代表著必須嘗試融鑄出跨越不同群體文化的新政治社會體。由此產生複雜的文化變化情況，孫同勛師早期已指出謂之「涵化」（acculturation），可能「自他種文化有所採借，但仍保持與發展其原有的特性」。〔註6〕本文在此基礎上，嘗試做進一步的探索。

基於上述觀察、省思與推論為前提下，本文以「認同」現象為研究出發點，來試圖描繪出拓跋政權歷史文化的另一番真實圖像。本文主要就拓跋政權下的政治與社會認同現象進行探討，在既有的成果之上力求以「認同」的觀察視野進行綜合性研究。在如此的考量下，便醞釀產生「拓跋政權的政治與社會認同」研究計畫，希望本文能有所創獲。

二、論點之提出與運用

關於「認同」（identity）的探討，在當代的社會學科如心理學、政治學、社會學與人類學等皆加以延伸引用。此種研究，主要奠基於當代社會的訪問調查所取得的資料。當然，古代的研究無法由此途徑來進行，但是，這種研究觀點所探討的領域、層面是相當具有啟發性的。從古至今每一政治社會體系裡，個人與團體間皆存在著種種的「認同」現象，並由態度理念層面落實為具體的政治性或是社會性行為。從此一角度所觀察得到的現象，可見群體在政治社會互動環境中一股時顯時隱的明確發展動能，並由此表露出表面複雜萬端但內在緊密相關的歷史發展過程。如此觀察政治社會現象的發展，應能超越單一研究視角的限制，並得到更寬廣的歷史面向。因此，本論文提出「拓跋政權的政治

〔註6〕孫同勛師，《拓跋氏的漢化及其他—北魏史論文集》（台北：稻鄉出版社，2005年3月初版），頁4。

與社會認同」的探索方向，想嘗試運用社會學科領域的概念來輔助進行研究。

　　「認同」議題的提出，有很大部分的經驗與靈感是來自現實生活的感觸與學者的討論。〔註7〕台灣自 1987 年解嚴以來，政治社會環境處於全面的鉅變，產生的衝擊可謂震撼人心。當國家控制力自政治社會各領域撤出以後，來自不同歷史背景且說著不同語言的社會群體得以並然呈現，民眾感受到彼此的認同差異頗大。當同時進行歷史傳統的詮釋、當代的定位與未來的展望時，彼此各種不同的認同便強烈呈現，又加上牽扯現實利益的爭奪，頓時使人覺得多元、複雜與手足無措。後來，全球化浪潮席捲而來，更促使民眾加強尋求各自的認同感。這些紛然並陳的認同現象仍就進行著，身處其中的民眾多以為是少有的亂象，事實上，中外歷史上此種複雜的認同現象是時有所見，也可說是人類社會發展的常態。

　　面對如此複雜、巨大的環境變動，對於學習歷史的人來說，不該迷惘於多元、複雜的現象，而是應該高度的關注並企圖加以了解、掌握。現實的環境，總有其發展的淵源脈絡，就是我們學習歷史的最好範本。透過生活處境的體驗與深刻觀察，這個時代的特質提供了我們更多元的歷史觀察、詮釋角度。因此，在當代環境的刺激之下，本文試圖來嘗試進行歷史上類似現象的探索。卡爾的名言曾論及，歷史就是現在與過去之間永無止境的對話，大哉斯言。本文的提出、探討，便是嘗試朝著這樣的方向而努力。

　　首先，就認同的定義作一基本了解。《牛津英語字典》中定義 identity 的涵義有二個層面，第一是「同一、等同」之意，意指某種事物與另一時地之另一事物為相同事物的現象。第二是「確認、歸屬」之意，「確認」意指一個存在物經由辨識自己的特徵，從而知道自己與他物的不同，因此肯定自己的個體性。「歸屬」意指一個存在物經由辨識自己與他物之共同特

〔註7〕　這方面的著作甚多：陳翠蓮，〈臺灣的國家認同研究近況〉，《國史館館刊》復刊第 33 期（2002.12），由此文便概略可見此一「認同」潮流的發展。相關著作還有：張茂桂編，《族群關係與國家認同》（台北：業強出版社，1993 年 2 月初版）；中研院近史所主編，《認同與國家：近代中西歷史的比較論文集》（台北：中研院近史所，1994 年初版）；李鴻禧等著，《國家認同學術研究會論文集》（台北：現代學術研究基金會，1993 年初版）；Stephane Corcuff, ed., *Memories of the Future: National Identity Issues and the Search for a New Taiwan*（未來的記憶：國家認同議題與追尋新台灣）（New York and London：M. E. Sharpe．，2002）；林滿紅，《獵巫、叫魂與認同危機：台灣定位新論》（台北：黎明文化事業股份有限公司，2008 年 3 月版）；尚道明等著，《國家與認同：一些外省人的觀點》（台北：群學出版公司，2010 年 2 月初版）等。

徵，從而知道自己的同類何在，因此肯定自己的群體性。這些認同的定義，是自人類社會現象中觀察得來的。綜合上述定義來看，對本文最重要的意義在於：人類個體與群體會進行確認、區別彼此的異與同，進而尋求彼此之間的結合、區隔甚至是對抗，諸多政治社會組織結構的演變便是由此原則而產生。

「認同」，簡言之即心理上主觀認知人事物的表現。人會產生認同意識，可說是來自於內在自我（如生物性因素等）與外在環境（如社會性與資源競爭因素等）的恆久需求。因此，可說人類的認同現象是跨越古今而存在的，並成為政治社會體系發展演進之重要動能所在。尤其，當一政權體發展建構其政治社會組織體制過程中，人群認同或是不認同的心理態度遂落實產生具體的力量，成為政治社會結合於發展組織體制的有利因素，或者成為對抗政治社會發展與組織體制的不利因素等。無論如何，透過「認同」因素的剖析，可觀察政治社會的廣大層面以及問題的具體反映。

若將 identity 的涵義運用於政治認同的研究，根據學者提出的概念，[註8] 其內涵如下：以上述「同一、等同」之義來說，這種用法是表示「一個政治共同體與先前存在的政治共同體是同一個政治共同體」，也就是指一個政權的延續性與同一性問題。在這種用法下，最主要考量的就是政權的組織結構以及組成的成員是否改變。再以上述「確認、歸屬」之義來說，是指「一個人確認自己歸屬於那一個政治共同體，並且指認出這個共同體的特徵」。也可指稱群體對所屬政權的辨認。如此的用法下，產生認同危機的個體或是群體成員，多從其因應政治社會的變局中表現出來。綜合起來看，學者所探討的政治認同有二種意義：一是政權本身的同一性與延續性，二是成員認為自己歸屬於那一個政權的辨識活動。

上述兩種政治認同觀察法，可進而做拓展性的觀察：首先，政權初組成的本質得到那些群體的認同，這些本質的條件基礎為何，以及運用什麼策略以增加各方對其政權的認同。第二，當政權的本質有所調整改變時，是否也改變各群體對政權的態度等。第三，身為同一政權體的成員們，多具有共同的歷史文化記憶、出身背景與生活習慣等凝聚其成為一個共同體的諸項條件。所以，同一政權體成員的背後，往往從現實生活層面到高度政治層面多

〔註8〕江宜樺，〈政治哲學與國家認同問題〉，收入氏著，《自由主義、民族主義與國家認同》（台北：揚智文化事業股份有限公司，2000年4月初版）。

有可做為其辨別為同一共同體的標誌。第四，更複雜者在於，同一政權下往往並存著各有認同標誌的勢力群體時，在政治社會互動的脈動下，不同群體間的角逐、競爭或是融合等，便會深刻影響著政治社會的發展走向。第五，不同群體各自認同標誌的過程形成了穩定的價值體系，並試圖將其拓展出去以得到更多群體的認同與加入等。因此，在上述簡易的政治認同原理基礎上，運用於真實的歷史發展過程中，必須作舉一反三、正反交互或是歸納演繹等等彈性靈活的觀察，才能勾勒出政治認同現象複雜而真實的發展脈絡。以上略述政治認同概念的模擬性推論，本文試圖將其作為觀察拓跋政權發展的基本假設性理念。

再將 identity 的涵義運用於社會認同的研究。核心的原理，仍然是源自「同一、等同」與「確認、歸屬」，只是觀察的角度指向於社會層面。社會認同指涉的層面頗多，對本文而言較重要者包括：身分、群體、組織結構與意識形態等四個層面。其中有多項是彼此密切相關，甚至是交錯重疊的。例如身分的自我認同確立多是由群體所賦予各種條件而產生的，而群體之間明顯的區隔、對立更會增強成員的歸屬感。更進一步地，由群體發展出具我群特質的組織結構與意識形態，也會成為增強群體成員身分認同的重要標誌。最後，這些不同層面的社會認同標誌，都是社會成員據以辨別與自己類同或是差異的參考標準。對於古今任何社會的成員而言，永遠擺脫不掉社會群體性，故都需要據以思考、或付之行動進行社會認同的概念或標誌。如此，個人或是群體便在社會中進行社會認同的種種複雜動作，此一社會的重大特質往往便由此過程顯現出來。

上述種種社會認同行為的紛然並陳，除了呈現社會特質以外，也是社會前進發展的主要動能之所在。因此，由此社會認同角度來觀察古代社會的發展，可以掌握其發展的趨勢及其基本特質。再加上不同社會群體之間多各有社會認同的標誌，如給予對照比較研究，便可相當完整呈現一個政治社會體的社會認同現象。

事實上，近年「認同」議題的研究不僅在政治學、社會學與心理學領域發展，更擴及到人類學、文學與歷史學等研究中。目前對當代社會的研究中，很顯然的「認同」已經成為各種研究論述的核心議題。對當代社會巨大變動的探討中，學者試圖將各種現象串聯起來，勾勒其中的變動原理，便是以「認

同」作為論述的核心之一。〔註9〕從此一發展趨勢中，已透露出「認同」原本在政治社會領域裡產生的動能是相當大、而且涵蓋面極廣的，終於逐漸被發掘出來加以探討。由此一世界性的學術發展脈動裡，可以看出「認同」的層面具有極大的開發空間。

　　事實上，「認同」於該政治社會裡某些事物而產生的諸多現象並非當代才有，在古今中外歷史上皆曾存在過這些繁複的現象，只是與今日表達的詞語不同而已。只要我們加以適當解讀語言，並將其依議題而作歸類，便可將各時代的「認同」現象呈現出意義。再說，稍加縱覽觀察這些複雜的現象，可以容易發現到，在一個國家社會的現實生活經驗中，往往各民族的政治認同與社會認同難以協調一致，甚至是完全相反而對立衝突。之所以造成這種現象，其中當然存在著各種複雜因素，並非簡單可以釐清的。然而，在這個對立衝突之中，便存在著該時代的歷史文化特質。所以，嘗試剖析這些複雜的現象，等於就是解開一個政權很重要、很真實的政治社會面相。

三、研究的涵義及層面

　　接著說明本文所採取政治認同與社會認同的涵義與層面。首先，以定義來說，關於政治認同本文採廣義的取向。當代一般多採用國家認同一詞進行表述，緣因國家認同詞彙，自布丹國家主權論以後，將國家層次提高，國家主權之下尚有政府，涵蓋層面廣。在古代，這個「國家」以廣義而言就是今日所謂的「政治共同體」，所以，國家認同與本文採用的政治認同在涵義上頗多重疊而難以嚴格區別。國家認同與政治認同之間，除了詞語上的基本差別以外，事實上指涉的對象多為相同。加上國家是屬於當代的概念，本文研究屬於較為古代的北魏，所以，採用政治認同一辭應較為適當。此外，本文採用政治認同一辭的廣義取向，另有一考量因素，就是北魏王朝的時空背景以及史料的性質須如此處理才較為適當。

　　為什麼政治認同對於一個政權極為重要？這是必須首先了解的大問題。

〔註9〕這方面的著作有：Anthony Giddens, *Modernity and Self-Identity: Self and Society in the Late Modern Age*（現代性與自我認同：近代以來的自我與社會）（California: Stanford University Press, 1991）與 Jonathan Friedman, *Cultural Identity and Global Process*（文化認同與全球性過程）（1994）以及 Manuel Castells（曼威‧柯司特）著，夏鑄九等譯，《認同的力量》（台北：唐山出版社，2002 年 11 月初版）。

如根據政治學者的說法，認為：「牽涉到一個政治共同體的成員自我命名及自我瞭解的過程。由於『自我』如何界定常常是主體產生行動的先決條件或預設條件，因此許多人認為國家認同（政治認同）問題是政治共同體最『根本』的問題。」〔註10〕也可以說，政治認同是政治共同體成員自我定位的基本問題，也是一個深層的結構性問題。因此，為塑造政治共同體成員的政治認同感，對一個政權而言，往往可能必須透過：歷史記憶的製造、文化傳統的再確立、制度的繼承與創新、民族的融合與通婚、擴大政權的參與、知識的吸收與運用等等多層面的措施。就政治共同體成員的立場而言，政治認同問題所問的就是自己屬於哪個政權，與這個政權如何聯繫起來，這個政權的性質如何，與共同體成員具有什麼共同因素，還有政權歸屬與私人生活秩序的關係等等。由此可見政治認同的重要性，是一政權由上到下綿密的組織網絡，此網絡是組成其政體不可或缺的基本條件。對於北方中原區域而言，北魏或可謂為一新政權，能否得到各方的政治認同，是北魏拓跋政權是否能安穩立足於中原的重要指標。

當概略了解政治認同的深層結構性及其重要性之後，我們必須訴諸於實際的政治行為層面才能使政治認同的研究得以落實。在北魏歷史演進的大概輪廓中，清楚可見其軌跡是從游牧世界演進至農業世界，也是從部落聯盟體制演進至帝國體制。相應於這些總體生活世界的重大改變，北魏拓跋政權下的政治現象也是有著極大的變化，本文從歷史演進過程及其重大政治變革中，觀察、勾勒出北魏的政治認同。

早期部落聯盟時期，在草原國際世界的競爭中，拓跋政權終能逐漸崛起成為一方政權，其種種政治作為必定至為關鍵。本文試從少量史料裡，適當解釋拓跋政權凝聚擴大的過程。後來，在農牧重疊區逐步建立政權核心，政治作為已經開始產生部分修正，朝向帝國政治體制邁進。待進入中原正式成立帝國以後，統治經營的方式更是有別於以往部落政權時代，面臨的挑戰更多。

在建立帝國體制的過程中，諸多層面都密切關係著政治認同的維繫。為確立政權在中原地區的地位，胡人君臣間的建國構想必須溝通，追尋在中原歷史文化脈絡下的國家定位等。帝國的核心在於君主體制，因此必須觀察其建立君主體制的過程，以及透過離散部落與去除母、妻族力量以穩固君主制等。

再者，討論本文採用社會認同的涵義與層面。基本上，如前所述游牧、

〔註10〕江宜樺，《自由主義、民族主義與國家認同》，頁3。

農業民族文化界線是形成胡、漢政治與社會認同的重要基礎條件，這也是北魏歷史演進的基本特質。整體北魏社會既然主要是胡、漢諸民族群體所構成，自然會衍生出諸多不同社會認同面向的發展。對本文而言，「社會認同」的論述角度，簡言之就是討論其中個人與團體對所歸屬社會的確認。這些社會行為的研究討論，本文試圖結合於北魏具體社會背景中來進行，畢竟，不同的認同會產生出不同的社會與國家。由此，才有可能深切了解北魏社會的基本特質。

「社會認同」問題為什麼重要呢？首先，我們必須了解「認同」於一個社會群體而言，具有獨特、強大的吸引力。起初「認同」只是個人一種主觀的想像態度，可是，當社會群體多數具有共同的「認同」時，其所凝聚、落實的能量便極為驚人，甚至超越政治軍事的強硬力量。

更進一步地說，「社會認同」是一種「求同」與「存異」同時發生的過程。其中確立、區分「同」與「異」的界線標準，就北魏時代而言主要是前述游牧、農業兩大民族文化體系，但是，這種界線總是會變動與多元的。若由此界線的角度，分層地說明「社會認同」的涵義，「社會認同」就是對某一具體社會型態的認同，是對自己歸屬於何種社會範疇或者組織的思考，也是對自己的意義與價值的詮釋、建構，也可說是對社會文化特質的認同。因此，對社會群體而言，「社會認同」的價值極高，它形成社會組成的界線、向心力與合法性等。

在任何一個傳統穩定的環境中，每一個人生活世界的面向多是確定的，自然「認同」也是簡單而確定的。即使外在環境不斷變動，傳統的確定性消失時，往往反而激發人們追求更多傳統的確定性以凝聚出集體的「社會認同」。或者，也有可能與時俱進，企圖凝聚出新的「社會認同」以組織新的社會體。再或者，雖然外在環境不斷變動，但是，基本不變的某些傳統仍然繼續沿襲，且它們始終是構成「社會認同」的重要基礎。

不論是何種的假設情況，本著探究歷史事實的基本立場，我們必須探索的方向是：在北魏具體社會環境中，胡、漢的「社會認同」是什麼？如何建構？如何變遷？支撐「社會認同」建構、變遷的力量又是什麼？本文嘗試奠基於北魏歷史實況，討論胡、漢民族社會認同的最大特質。

首先，拓跋政權吸收廣大游牧民族構成政權的基礎，即使在中原的帝國體制下仍為其重要基礎，所以，如何維繫經營或是調整改變游牧民族的社會

認同，對於北魏政權便顯得異常重要。本文須觀察其原有的生活世界狀況以及傳統的社會組織，又在帝國體制架構下如何持續維繫他們的認同，透過哪些具體的措施或是儀式等。

其次，漢族社會在北魏政權進入中原地區以前，已經在動亂的時局中發展出強大的地方勢力，其社會內部已有穩固的組織結構。因此，本文須觀察漢人社會型態的基本特質，漢人彼此的聯繫運作與社會認同的特質，以及透過宗主督護制來探討北魏政權下漢人社會的特質等。

無可諱言地，北魏政權下擁有最多社會資源與勢力的就是漢人士族群體，他們在社會層面扮演的角色便不可忽略，必須對這一群體做深入的觀察。士族群體有著深厚、悠久的文化傳統，彼此間存在著許多共同的價值理念，成為支撐他們在社會立足的堅實基礎，所以，必須特別注意此一層面的研究。

進一步來說，每一個時代都同時存在著政治認同與社會認同的問題，往往是複雜地交互糾結著，而這些問題是否構成嚴重的時代困局則端視當時的政治社會情勢才能判定。對於一個政權的統治階層而言，考量到統治層面的成效與穩定，最理想的狀態便是得到各方在政治上的認同。這所謂各方的認同，包含來自統治階層內部與各方社會民眾群體的認同。為達成這樣的目標，往往所施行的政策或是手段可能是極具彈性的，時而以赤裸裸的軍事手段強硬壓制，或者是以寬容柔軟的方式來加以拉攏協調，再或者可能結合或彼或此的政治傳統理念而達成目標等。不論內涵、方式如何，對於研究而言，必須追究其過程所產生的核心的理念、企圖達成的目標以及各方力量的交互影響等，由此才能觀察到政治認同的塑造情形。

再就對於社會民眾而言，無論政權如何遞變或統治者的背景身分為何，最希望者便是維持其原有穩定、熟悉的生活方式與傳統，並透過各種方式來經營、維持如此的存在狀態。如果因政治力強大而被強迫改變生活方式，是民眾非常不願的，甚至造成強烈的反彈。畢竟，民眾總是希望維持其既有的社會認同型態。因此，就民眾的立場，基本上是希望得到統治階層的種種社會認同，其運用的往往是其在社會中的優勢條件，例如社會地位、地方勢力與文化優勢等，與統治階層間進行交換資源、協調、競爭或是對抗等。或者，民眾自身採取積極性作為爭取成為統治階層，利用官僚政治身分之便，以擴大政權對其之認同，甚至逐漸改變政權之社會性質。

上述將政治認同與社會認同的現象分別描述，而且多是僅就政治上統治

階層與社會上民眾的立場而論的。但在實際的歷史發展過程中，政治領域產生的政治力與源自社會層面而來的社會力是交互作用的，而且，在統治階層內也存在著不同社會力的影響，在基層社會中亦存在著政治力的動能。因此，實際狀況往往是極其複雜的，我們所能觀察到的可能只是部分層面而已。但，立於追求真實的基本原則，我們必須在政治領域與社會領域的互動交錯過程中，盡力來進行政治認同與社會認同的探討。

在北魏政治社會力交互作用下，最能表現出政治認同現象本質的就是政權參與。因為，透過政治資源的分配與交換，可以將各方勢力吸收進入政治領域裡，使他們成為帝國體制運作的成員，能夠得到他們一定程度的政治認同。況且，不論選拔官僚的方式如何，能夠被允許進入政壇即代表政權當局對其社會地位的相當承認，所以，在這樣政治社會資源的交換過程中，也達到相當程度的政治認同與社會認同。另外，在各種政權參與方式的過程中，更能表現出多樣的政治認同態度，更值得我們注意。

畢竟，漢人士族群體構成的門第社會有著難以撼動的龐大勢力，終至高祖之時採行重門第政策，使得士族開始相對大量地進入政壇參與政權，並對北魏的發展發生深遠的影響。此時雖然只是漢人士族參與政權的高峰期，但是，引起在政治與社會面的衝擊相當大，尤其，在政治認同的層面上更產生微妙且複雜的變化，在胡、漢民族內都產生效應。

另外，為維持政治認同與帝國的體制的持續並與社會勢力間保持著平衡狀態，逐形成參與政權延續下去的現象。透過不成文習慣或是固定的機制，讓各方勢力成員的子孫得以持續參與政權。這現象背後有著相當的用意與成效，無形中維繫住一定的政治認同，也值得注意研究。

在北魏政治社會力交互作用下，最能表現出社會認同現象本質的就是各種社會力量的展現。因為，各式龐大的社會力量在不同的時空裡都影響到北魏政權的運作，所以，彼此間就必須交流互動。在交流互動過程中，可以觀察到各方社會群體對自我與社會的認同、定位，也反映出北魏政權對其之社會認同態度。所以，各種社會力量之影響不可小覷。

在胡人與漢人社會中，始終都存在著相當的勢力團體，彼此進行交換、增強力量的方式，其中最直接的方式就是聯姻。尤其，漢人士族的社會勢力吸引著胡人的主動聯姻，以及漢人士族也彼此聯姻以增強社會力量。聯姻是多方政治社會力影響下的結果，所以，由此層面可觀察到政治社會的互動性。

其次，北魏政權下統治的是多方複雜的民眾群體，所以，這些地方勢力與北魏之間的互動便彰顯出彼此雙方的政治社會認同態度。這些地方勢力不僅存在於中原漢人社會，也存在於國境邊區的少數民族社會，所以，並觀考察才能看出北魏政權下普遍的政治社會互動型態。

另外，漢人社會中不可忽略的一股強大力量就是士族群體的力量。因為，這股力量的影響往往在政治社會領域都相當深遠，並且都得到各方相當的認同，所以，必須考察其力量的存在狀態、發揮的管道與經營的方式等。

綜合論之，若將政治認同與社會認同視為兩大建構國家社會的龐大工程的話，所進行的工作如同是將各方民眾力量整合於政治社會的體系下。很顯然地，此一龐大工程是牽涉因素極為廣泛而複雜的，且隨時代情勢演進也呈現動態發展。因此，此一動態發展並非一定形成為統治階層與社會民眾之間的對立、衝突，也可能出現多樣的情況，例如在統治階層尋求國家社會的建設與政治認同之時，往往是將對社會的認同吸納包容進來，甚至轉以社會體系的價值標準作為政治體系的依循軌則。或者，也會出現社會民眾積極認同於政治體系的各種發展。再者，在民眾的社會認同之中，可能也已經存在有許多對政治體系的構想與認同等。所以，唯有深入史料的剖析研究，才能釐清政治認同與社會認同之間的複雜關係，以使我們更加認清一個時代的特質。

四、研究方法及資料

討論至今稍加思之，「認同」議題的研究，事實上是對政治社會發展廣泛面相的一種綜合性研究。之所以形成如此的研究取向，應該說是近代人類探討世界演進過程，發現此一看似複雜但又有其明顯發展趨勢動能的軌跡，因而提出此一跨越領域、議題與知識學門的綜合性研究。事實上簡言之，「認同」即是一種心理態度，但它是相映於外在世界而產生的，所以考量到與各方因素彼此的複雜互動關係，可以視之為整體組織結構的重要表徵。本文所說這個社會學的「結構」概念，以年鑑學派布羅代爾的「長時段」概念來說明，應該是相當貼切、適合。〔註11〕稍加檢視中外關於北魏的研究成果，很容易發現部落傳統在北魏政權時期依舊穩固，此蓋可謂長時段的穩定結構。

〔註11〕布羅代爾著，劉北成譯，〈歷史學和社會科學：長時段〉，收入氏著，《論歷史》（台北：五南圖書出版公司，1988年12月初版）。

這個層面的探討，可以嘗試以本文「認同」的角度來加以解析。除此之外，漢人世界也可能存在著長時段的穩定結構，所以，也必須考察漢人民族的「認同」現象。

上述所論是整體研究大方向上的基本認知，也是宏觀上的反省思考。再者，縮小到研究方法的操作層次上。對於本論文來說，與人類學與心理學知識頗為相關，必須要有一定的理解。另外，就進行「認同」議題的研究需求，至少必須涵蓋、運用歷史學、政治學與社會學等學科知識，也就是說必須嘗試進行跨學科的研究。可是，在部分研究方法上並不容易匯通。因為當代社會學科的建立，多建基於當代社會資料的調查研究，由此逐步累積出概念、知識與理論。但是，如此短時空環境的橫向結構探索，對於以時間為本質且多以長時間的探索為本職的歷史學研究來說，終究無法仿社會科學家取得資料的方法，歷史學家無法重回古代以取得豐富的古代資料。雖然受限於此，但是社會學科在各領域的深入鑽研，已對人類社會發展的軌跡提出更新更多樣的見解。短時空環境的探索，雖無法像歷史學做長時段的研究，但所提出的原理原則也已得到普遍的承認。因此，在部分技術層次的研究方法之外，對社會學科概念、知識或者理論上的吸收消化與適當運用，便是本文研究方法上所必須加以考慮的。

對本論文來說，在結合社會學科知識概念的研究過程中，古代並未有今日社會學科瑣細的知識分類概念，也並未將政治與社會做明確區分，常是將今日區分開來的政治與社會範疇統而觀之。因此，我們必須透過史料了解當時生活世界中的政治觀、社會觀等，再以此時代背景的掌握為基礎，才能將所見史料予以結合到適當的知識概念與議題架構，避免硬套、亂套理論的弊端。更重要者，不論史料性質容易或是不容易解析，皆須盡力結合其存在的具體時空環境來加以分析其性質，進而才能將繁瑣的史料所隱藏的時代重要課題呈現出來，由此途徑方能適當掌握歷史的實相。

再說本論文組織架構的產生。首先，以對史料的理解掌握為堅實的基礎，進而觀察繁雜的歷史現象產生許多的問題意識，然後，輔助並結合社會學科的知識概念與邏輯而提出整體的初步組織架構。初步確立基本大架構以後，隨研究的逐步深入與調整，進而提出或是修正主議題架構下的諸項子議題。在研究進行過程中，必須不斷就史料解讀、問題意識與知識概念之間做更完善的修正調整，以力求研究價值的提高。

在本文研究的基本架構下，呈現的研究理念在於探索北魏歷史文化演進的軌跡。因此，各種性質的史料皆必須盡量加以蒐集與處理運用，以尋求知識、史實的完整與精確。所以，在技術層次的處理方式上，當然需使用基本的歸納法、分析法以及綜合法等研究方法。當然，方法的運用必須隨研究的進行而選擇適當、適切者。

如就本文觀察的社會層面來說，簡單而言包含人類的心理與行為層面。但是，人類的心理與行為層面是與外在複雜世界互動而塑造出來的，所以，人的解讀其實是相當困難的。在心理層面上，我們除了可以根據史實資料及當時的情境來判斷其可能產生的認知態度以外，又因環境的複雜與內心世界的微妙，所以，同其心同其情的理解與推論是必須適當運用的。對於古代人物行為意義的解讀，這是以往研究較為忽略者，如果輔助以今日社會學科多元的知識概念，相信是最具有開發空間的研究領域，可以解讀出更多的歷史意義。

更進一步地說，本文對於各種具體互動行為發生的過程中，從多方角度來重新思考其現象發生的多重意義，並非只是立於中央、統治者或是漢人的立場角度而已，如此才能較為平實地呈現出歷史文化的演變趨勢。此種由細微處觀察歷史發展的方法，可稱為是由微觀看宏觀，應能呈現出不同的歷史面向。本文著力於此細微層面，因為，在不同民族具體互動的層面上，更能真實反映出北魏歷史文化發展的趨向與特質。

關於研究資料部分，分類說明如下：

（一）正史

本文以北魏時代為主要研究範圍，正史以《魏書》為主要參考史料。雖然魏收撰成《魏書》被批評類如「穢史」之言頗多，即使近代以來學者為其申辯亦多，〔註 12〕或是李延壽早已肯定魏收撰書之價值「婉而有章，繁而不蕪，志存實錄」。無論對魏收《魏書》評論意見如何，這些評論者與魏收一樣多是受其時代環境的限制，所言所論有利有弊難以一言概論之，因此，為求得更趨於真相的史實，我們在史料引用時必須多方比對各種史籍以求得最洽當者。因此，在《魏書》以外，必須運用《北齊書》、《周書》、《隋書》、《北

〔註12〕周一良，〈魏收之史學〉，收入氏著，《魏晉南北朝史論集》（北京：北京大學出版社，1997 年 6 月第 1 版）；孫同勛，〈「穢史」辯證〉，收入氏著，《拓拔氏的漢化及其他》（台北：稻鄉出版社，2005 年 3 月初版）等。

史》、《晉書》、《晉書斟注》、《宋書》、《南齊書》、《三國志》等正史，給予史
實補充、修正與考校。尤其，《宋書・索虜傳》與《南齊書・魏虜傳》中，記
載觀點的不同而留下不少關於北方的真實紀錄，益顯其珍貴。

（二）編年史

司馬光《資治通鑑》記載的北魏時代（386～534 年），自卷一百六〈晉紀
二十八〉孝武帝太元十一年至卷一百五十六〈梁紀十二〉中大通六年，共計
五十一卷。但因諸多史事必有溯源與後續的影響，所以，所參考的卷次必定
更多於此。此外，司馬光於史事所採擇資料或有不同，所著重描述層面亦有
不同，所以，是在正史之外重要的參考資料。還有，《資治通鑑》部分地方參
照如《十六國春秋》等古佚書，故仍有獨自的價值。

（三）典章制度史

杜佑《通典》是記載制度的通史著作，是本文了解基本政治社會結構的
基礎。本文雖然重心在胡、漢的認同態度，但必須知曉不同時代環境制度性
因素的影響，況且，如文中所載《關東風俗傳》部分，可以具體反映基層社
會的情況，有助於了解社會層面的發展動向。另外，鄭樵《通志》與《通典》
一樣也有抄錄正史引文，可互爲訂正參照。

（四）類書

虞世南編《北堂書鈔》，抄錄引用頗多六朝時期佚書的內容，可說是完全
保存的最古類書，可翻檢其中引用可用資料。宋朝初年奉官敕編四大書中，
王欽若《冊府元龜》、李昉《太平御覽》與李昉《太平廣記》等三部，雖大部
分爲隋唐五代重要史料，但因內容蒐羅了許多古今事跡，也收錄諸正史的引
文，可與其它史籍互作校正以補充史料來源，實爲一豐富的資料庫。徐堅《初
學記》雖然是唐玄宗時代的奉敕著作，雖雜取群書編撰而成，但對詩文採錄
頗爲嚴謹，是類書中頗爲精要者。文中也引用北朝時代的著作，所以，也可
補充本文之研究內容。

（五）地志風俗

酈道元《水經注》中夾敘各地的風土人文現象、名勝古蹟與各地流傳的
傳說，由此可與史籍互相印證，可補充與校對史實。例如北魏在北方征戰過
程留下的史蹟，在各地的開發建設遺跡等，可以補充、印證史實的完整性等。
《洛陽伽藍記》，不僅記載北魏在洛陽時期的重要史蹟，其中也反映出胡漢民

族在生活細微處的接觸過程，由此可略窺認同板塊的挪移。還有，與南方人士的對話反映出北魏政治認同演變情形的部份。

（六）詔令文集

嚴可均所編《全上古三代秦漢六朝文》中，〈全後魏文〉六十卷當為主要史料，其中包括諸位君主的重要詔令、拓跋宗室與代人集團成員的言論以及更多漢人士族人物的重要言論或是文集等，可從中反映出許多的政治觀與社會觀。其次，〈全後魏文〉所收範圍超過《魏書》，故能補充傳統正史以外的資料，豐富史料的多樣性。另外，在《全晉文》、《全北齊文》、《全後周文》等前後時代相關文集中，都有涉及北魏時代的相關史料文集等，故也需給予網羅蒐集。

逯欽立纂輯《先秦漢魏晉南北朝詩》，是在馮惟訥所輯《詩紀》與丁福保所輯《全漢三國晉南北朝詩》的基礎上，重新蒐集考訂從上古到隋末的歌詩謠諺。其中《北魏詩》四卷、《晉詩》二十一卷、《北齊詩》四卷與《北周詩》六卷等，頗多感時賦懷之作，亦有傳唱地方風俗文化的謠諺，也是豐富的資料庫所在。此外，郭茂倩編輯的《樂府詩集》中，也需注意可用的研究資料。

三國魏劉邵《人物志》成書早於北魏許久，但北魏時期劉昞注釋此書，從其注釋中可能反映出這個時代的不同觀點。尤其，此書關懷的核心在於人才的辨析，或由此能反映出士族人物共同體意識的淵源以及他們的國家關與社會觀。所以，若將此書置於北朝社會文化的脈絡來觀察的話，其價值可能仍是有待闡釋的。

顏之推《顏氏家訓》雖是成書於隋朝時代的家訓著作，但顏之推從南方遷徙至北方的經歷，使其對南北方的後期社會文化做深入的觀察比較，因此，也將北朝時代政治社會面貌留下觀察紀錄。因此，此書也能佐證於北魏歷史文化的演變，尤其是關於漢人士族的政治觀與社會觀。許敬宗等編《文館詞林》，將唐初為止的詩文按文體類別彙集，雖然是後出的史料，但因搜羅了原來《魏書》所未收入詔敕等，特別是收有關孝文帝的詔敕，所以是珍貴的資料。

（七）佛教史籍

中古時期的佛教史籍雖以記載佛教相關人事物為主，但其中亦載有關於政治社會之重要事物，從其宗教性角度或能映證諸多史實。因此，為學界所

重視的佛典如慧皎《高僧傳》、僧祐《出三藏記集》與《弘明集》、道宣《廣弘明集》以及道世《法苑珠林》等，都是可注意的史料所在。

（八）墓誌碑刻等

近年來愈益豐富的石刻史料，尤其是墓誌銘，則是補充文字史料的重要來源。在細部的條文中，仔細予以爬梳、辨析，應能加強佐證資料。最需注意的石刻史料有趙萬里《漢魏南北朝墓誌集釋》、趙超《漢魏南北朝墓誌彙編》、羅新與葉煒《新出魏晉南北朝墓志疏證》（修訂本）、毛遠明《漢魏六朝碑刻校注》、王昶《金石萃編》與陸增祥《八瓊室金石補正》等。

還有考古挖掘報告也不可忽略，這些地下史料有高度的客觀性，對於史實的驗證功效極高，端視如何適當運用。此外，近年的研究大量運用造像記上留下的刻文，除了佛教史的研究以外，也已有學者開始嘗試開拓更多領域研究。此一實證資料也非常值得關注，因為已有與本文相關的研究作品產生。

（九）史評史注類

後代諸多名家對史籍的評注也有參考、引用的價值，這方面包括有：錢大昕的《廿二史考異》、王鳴盛的《十七史商榷》、趙翼的《廿二史箚記》與《陔餘叢考》以及李慈銘的《越縵堂讀史札記全編》等。

五、本題目之回顧檢討

關於學術研究回顧檢討，就本文題目涉及相關者盡量予以討論，略述心得並提出未來可以進一步拓展的方向。藉此論文撰寫，銜接於學術研究脈絡。

談及中古史研究，必須先關注陳寅恪的著作，因其開拓出頗多中古史演進的重要軌跡，後輩學人遂多在其框架下做補縫、掘深或是拓展的工作。

在 1940 年完成《隋唐制度淵源略論稿》，提出北朝胡漢問題「實一胡化漢化之問題」，「即文化之關係較重而種族之關係較輕」。〔註13〕延續「文化」論點，至 1942 年完成《唐代政治史述論稿》，再說明「文化較血統尤為重要」。〔註14〕因此，本文以「胡漢文化說」來稱呼其論點特質。

〔註13〕陳寅恪，《隋唐制度淵源略論稿》，收入氏著，《陳寅恪先生文集（二）》（台北：里仁書局，1982 年 9 月），頁 71。
〔註14〕陳寅恪，《唐代政治史述論稿》，收入氏著，《陳寅恪先生文集（三）》（台北：里仁書局，1982 年 9 月），頁 17。

　　但是，畢竟文化說只是一概要、原則性的論點，因此，學者嘗試推論其說法，指出要旨在於對異文化的接受與認同。〔註15〕因此，由陳寅恪所持胡漢文化說可以確認，本文觀察胡、漢民族互動過程中的變動與調整，影響其政治認同與社會認同的思維路徑。更進一步地，必須思考胡、漢民族尚有「化」於各自傳統文化的一面，並由此凝聚出強大的發展動能。綜合觀之，「化」的方向有異文化與各自的傳統文化，必須同時並觀才能呈現出較爲完整的政治社會版塊變動。而且，以今日政治與社會領域的概念結合於胡漢文化說時，應能使我們觀察到更多胡、漢「化」的層面。

　　另在〈崔浩與寇謙之〉一文中，提出北朝演進的關鍵，「當時中國北部之統治權雖在胡人之手，而其地之漢族實遠較胡人爲眾多，不獨漢人之文化高於胡人，經濟力量亦遠勝於胡人，故胡人之欲統治中國，必不得不借助於此種漢人之大族，而漢人大族亦欲藉統治之胡人以實現其家世傳統之政治理想，而鞏固其社會地位」。〔註16〕於今，漢人的部分已經有不少的研究成果了。但是，身居統治階層並主導大部分政權的胡人則是長期被忽略，殊爲可惜。尤其，究竟胡族如何統治，恐是仍大有開發空間，此一層面至關北朝政治社會的特質。

　　再說漢人大族「家世傳統之政治理想」。陳寅恪以儒家文化爲論述核心概念，來詮釋從東漢到曹魏、西晉的歷史演變，自成一家之說。這個政治理想是漢人士族共同體意識的重要內涵，也是其凝聚群體認同的價值源頭，能觀察到深度的社會文化層面。持此論點衡之於北魏歷史，尤其以學術文化的發展角度來觀察政治與社會領域的互動關係，或可得到新的觀察結果，這是本論文高度關注者。

　　接下來將研究回顧區分成三部份來討論，一先討論台灣，二討論大陸地區，三討論外文的研究，包括日文與英文等。

〔註15〕林悟殊，〈陳寅恪先生「胡化」、「漢化」說的啓示〉，《中山大學學報（社會科學版）》2000年第1期，頁44：「在陳先生的胡化漢化說中，其『化』的內涵，乃指客觀上接受，或主觀上認同另一個民族的生活方式、思想觀念等。這種接受或認同，當然隨時間、空間的不同而有程度的差異，或深或淺，或較全面，或止於局部；也有群體的差異，即人群因職業、身分、地位等的不同，『化』的內容和形式也不一樣。」

〔註16〕陳寅恪，〈崔浩與寇謙之〉，收入氏著，《陳寅恪先生文集（一）》（台北：里仁書局，1981年3月），頁126。

一、台灣

（一）孫同勛老師：《拓拔氏的漢化及其他－北魏史論文集》〔註17〕

此書的主要論點就如其書名所示：漢化，試圖以此來解釋北魏拓跋氏歷史的發展。認為拓跋氏逐漸南移與漢族接觸的過程中，開始採借漢族文化的君主專制政體與農業生產，經過約一個半世紀之久，到太祖拓跋珪統國中期完成，並由此引起風俗習慣的變化。到了高祖的漢化，是想採用全部中國文化來代替他們原有的文化，其激進性可以稱之為文化上的革命。而且，高祖的漢化改革是為了挽救政權的危機。綜此，在「漢化」的論述內與「漢化」的架構之外，兩大區塊仍然值得進一步比對探討。

（二）鄭欽仁先生：《北魏官僚機構研究》〔註18〕

從游牧民族與官僚制關係的角度探討，指出中散官是拓跋氏創制的部族官制，此職官體系分為中散、主文中散、奏事中散與侍御中散等四種。大體上，中散官是北魏內侍政治之一環，位階屬中等之官，是儲備且彈性運用的官僚。重要者在於，這是北魏政權結合部落傳統而創制者。藉此基礎所見，可嘗試進一步探索其他官制的情形，並結合於認同層面的研究。

（三）嚴耕望先生：〈北魏尚書制度考〉〔註19〕

早期專研北魏官制的長篇大作，大體上釐清尚書制的演變情形，給予後代各領域研究一個基本的架構。此篇從君臣的強弱關係，來解釋尚書制的演變。在此基礎上，可進一步探討君主國政理念與部落傳統文化之爭衡與認同關係。

（四）逯耀東先生：《從平城到洛陽——拓跋魏文化轉變的歷程》
〔註20〕

全書提出北魏文化發展三階段論，「從最初拓跋珪堅持自己的文化傳統，形成北魏初期的胡漢雜揉的形態，經過拓跋燾放棄文化的成見，贊成以緩慢的程度，吸收農業文化的經驗，到孝文帝拓跋宏對過去一個世紀的文化接觸

〔註17〕孫同勛師，《拓拔氏的漢化及其他——北魏史論文集》（台北：稻鄉出版社，2005年3月初版）。原書為《拓拔氏的漢化》（台北：臺大文史叢刊之三，1962年12月初版）。

〔註18〕鄭欽仁，《北魏官僚機構研究》（台北：稻禾出版社，1995年4月初版）。

〔註19〕嚴耕望，〈北魏尚書制度考〉，《史語所集刊》第18本，1948年1月。

〔註20〕逯耀東，《從平城到洛陽——拓跋魏文化轉變的歷程》（台北：聯經出版事業公司，1979年3月初版）。

作一次澈底的調整，然後放棄自己的文化傳統，完全融於農業文化之中」。〔註21〕由此三階段論來看，提醒我們注意拓跋氏君主對文化接觸採行態度的重要性，相當程度決定了整個北魏歷史文化的發展特色。

（五）毛漢光老師：〈中國中古社會史略論稿〉〔註22〕與〈北魏東魏北齊之核心集團與核心區〉〔註23〕

〈中國中古社會史略論稿〉指出，北魏是在北中國成功建立王朝的胡族政權，主要是做法完全吻合於政治力與社會力結合的原則。北魏之所以成功，更要者恐在於能採取彈性政策統治中國。在其統治下，政治力與社會勢力之間一直在微妙地變動著，兼顧胡漢民族兩大力量間的拉扯平衡，使得歷史上呈現出複雜的認同現象。百年統治以後，企圖強烈的高祖試圖在政治力與社會力的重新整合過程中，「想將士族、地方豪族、平民，相對地、層次地套入其政治體系之中，增長其政治力與控制力」，〔註24〕試圖建構出新的政治社會體。在此論述架構中，北魏政權的主導性往往被過度忽略掉，因此，本文試圖拓展、落實政治力與社會力的論述觀點。

〈北魏東魏北齊之核心集團與核心區〉一文對於本文來說，核心集團的凝聚組成必有憑藉的條件、方式來建立起認同感，同樣地，在空間的拓展、經營上亦必有追求的目標。在北魏帝國成立以後，其政權集團與空間運作又是如何發展，是值得持續探索的理路。

（六）康樂先生：《從西郊到南郊》〔註25〕

本書認爲北魏政權能矗立北方百餘年的關鍵在於權力基礎：代人集團，也是北魏能從游牧部落政權轉型爲中原漢式帝國的最重要助力。可是，在深厚草原文化影響力下，北魏政權是依賴代人的軍事武力爲本質而進行征服統治的，不但造成漢族社會難以認同其統治，連北魏政權轉型爲漢式帝國的過

〔註21〕 逯耀東，《從平城到洛陽——拓跋魏文化轉變的歷程》，頁 27。

〔註22〕 毛漢光師，〈中國中古社會史略論稿〉，原刊《史語所集刊》第 47 本第 3 分（1976年），收入氏著，《中國中古社會史論》（台北：聯經出版事業公司，1988 年 2月初版），頁 3～103。

〔註23〕 毛漢光師，〈北魏東魏北齊之核心集團與核心區〉，原刊於《史語所集刊》第 57 本第 2 分（1986 年），收入氏著，《中國中古政治史論》（台北：聯經出版事業公司，1990 年 1 月初版），頁 29～98。

〔註24〕 毛漢光師，〈中國中古社會史略論稿〉，《中國中古社會史論》，頁 21。

〔註25〕 康樂，《從西郊到南郊——國家祭典與北魏政治》（台北：稻禾出版社，1995年 1 月初版）。

程中也難以整合其進入新的政治社會體中。在此書的成果上，可以再嘗試進一步探索北魏如何製造、凝聚代人集團的認同與團結，以及在帝國架構下，代人的政軍角色如何與政治社會體互動演變。

聚焦於祭典指出，代人集團以傳統的宗教性祭典來建構其內在秩序並凝聚、持續與強化共同體的情感，因此，代人自然對最具傳統文化象徵的祭典有著極高的認同感，以及認為祭典有著無可撼動與取代的地位。於此，作者試圖在時代演進的大架構中，呈現出拓跋族人經驗、情感、價值與文化等的演變，這是較為深度文化變革所造成的政治社會認同變動，值得再探索。

（七）雷家驥老師：探討五胡「一國兩制」系列著作〔註26〕

自 1990 年開始有一系列的著作，主要探討的重點有二：一是「一國兩制」的歷史經驗，二是胡族君長的漢化思考。這些著作是探討本文主題北魏之前的胡族國家，所以，這些著作的開創性探索對本文極有啟發、引導作用。

文中所謂的「一國兩制」，指「不宜拘限於某種特定模式，蓋一個國家若同時具有兩種統治體制即屬之，因之十六國胡、漢分治體制雖然內涵不盡相同，甚至一國之內如趙漢之前後期亦有變化，但仍不妨其『一國兩制』的特質」。〔註27〕胡族國家產生兩種統治體制，實自所統治社會的實況而來。這種「一國兩制」的型態始於屠各劉淵，後來遂形成為其他胡族君長的傳統。此一事實的闡明，對於理解北魏的發展提供了極佳的背景說明。此一傳統趨勢的影響力絕不可忽略，尤其對立國後北魏的影響是極其關鍵而重要的。

更進一步地，文中指出關鍵決定胡族開始轉變趨於漢化者始於曹操，他

〔註26〕雷家驥師共有九篇：〈從漢匈關係的演變略論劉淵屠各集團復國的問題——兼論其一國兩制的構想〉，《東吳文史學報》第 8 期（1990 年）；〈漢趙國策及其一國兩制下的單于體制〉，《國立中正大學學報：人文分冊》第 3 卷第 1 期（1992 年）；〈後趙的文化適應及其兩制統治〉，《國立中正大學學報：人文分冊》第 5 卷第 1 期（1994 年）；〈慕容燕的漢化統治與適應〉，《東吳歷史學報》第 1 期（1995 年）；〈氐羌種姓文化及其與秦漢魏晉的關係〉，《國立中正大學學報：人文分冊》第 6 卷第 1 期（1995 年）；〈漢趙時期氐羌的東遷與返還建國〉，《國立中正大學學報：人文分冊》第 7 卷第 1 期（1996 年）；〈前後秦的文化、國體、政策與其興亡的關係〉，《國立中正大學學報：人文分冊》第 7 卷第 1 期（1996 年）；〈前、後趙軍事制度研究〉，《國立中正大學學報：人文分冊》第 8 卷第 1 期（1997 年）；〈試論「五胡」及其立國情勢與漢化思考〉，刊於《胡人漢化與漢人胡化》（汪榮祖、林冠群主編，嘉義：中正大學台灣人文研究中心，2006 年 12 月），頁 83～174。

〔註27〕雷家驥師，〈試論「五胡」及其立國情勢與漢化思考〉，頁 85 注 3。

強力逼迫胡族們「名王稽顙，部曲服事供職，同於編戶」。在相關措施的實施下，等於將其政治組織與社會組織加以改變，進而促使其心理意識發生變化。因此，在這樣的現實環境影響下，遂產生「認同於『胡』或認同於『漢』的兩種思考方式，也就是他們國族發展的兩條思考路線」。〔註28〕

如此立於胡族國家歷史發展事實的討論，才能彰顯出各胡族政權所面臨的真實境況。在其尋求「胡」認同或是「漢」認同的發展過程中，是充滿著重重糾結的。如此的境況，在北魏的歷史過程中依然清楚可見。所以，從此歷史經驗的角度來看，至北魏之時，實已承繼諸多胡族國家的發展經驗。若由此來看北魏高祖的改革，很重要的關鍵之一，就是必須關注其「胡」認同或是「漢」認同。

本文企圖觀察在「胡」認同或是「漢」認同的高度層面以外，更落實於胡、漢民族在政治領域與社會領域的具體環境裡，如何發展、建構其群體歸屬感以及確立其地位。相信這些較為細部層面的探討，更能呈現出北魏時代的特質。

（八）張繼昊先生：討論部落民與北魏政權關係等著作〔註29〕

《北魏變亂問題初探》，討論漢人、部落民與北魏政權之衝突、對抗等現象。就其對變亂的討論分析，可以進一步研究中央、地方之政治認同與社會認同。《北系部落民與北魏政權研究》，試圖從部落民與北魏政權的複雜關係，來論證北魏政治社會的複雜性。此書的研究，可以擴大本文探討認同主題的層面，尤其是較被忽略的少數民族。《從拓跋到北魏—北魏王朝創建歷史的考察》，以權力的擴大與收縮為研究角度，觀察北魏政權擴大過程中，權力核心則相反出現收縮的趨勢。這個研究值得再予注意、探討。

二、大陸

（一）周一良先生：〈北朝的民族問題與民族政策〉〔註30〕

〈北朝的民族問題與民族政策〉指出，北朝統治者對於少數民族的處理方

〔註28〕雷家驥師，〈試論「五胡」及其立國情勢與漢化思考〉，頁172～3。

〔註29〕張繼昊主要作品有：《北魏變亂問題初探》（臺大碩士論文，1984年）；《北系部落民與北魏政權研究》（臺大博士論文，1993年）；《從拓跋到北魏—北魏王朝創建歷史的考察》（台北：稻鄉出版社，2003年12月初版）。

〔註30〕周一良，〈北朝的民族問題與民族政策〉，收入氏著，《魏晉南北朝史論集》（北京：北京大學出版社，1997年6月第1版）。

法有：設鎮壓制、遷移戍邊、編入軍隊、掠賣爲奴以及利用酋豪來控制其部落等。但只以統治者的立場來觀察與解釋，往往少數民族回應舉動的意義以及北魏政權與少數民族間的種種互動關係與所產生的思維是被忽略不論的。但是，這是北魏政權極爲重視的國政，彰顯出北魏對國境空間的規劃拓建以及由此產生所追求的政治性認同。〔註31〕另外，文中討論少數民族過程中，似有跡象顯示北魏對周邊少數民族有其政治符號系統來處理彼此的關係。若可探索出來的話，可說是建構少數民族對北魏政治認同的具體落實措施。

（二）唐長孺先生：〈拓跋國家的建立及其封建化〉、〈拓跋族的漢化過程〉、〈論北魏孝文帝定姓族〉等

1955年發表〈拓跋國家的建立及其封建化〉〔註32〕一文，指出北魏政權的基本特質：跨越多部落、包容吸納性強、持續擴張性戰爭等。但，由此特質引發鮮卑人的強烈反彈，遂調整以「諸部大人及豪族良家子弟」組成近侍集團，以拉攏部落貴族的勢力與認同感，所以，也深化政權結構的部落特質。並在南下中原的過程中，開始以刑法、軍令等手段來有效率組織動員各部落群眾，並發展出更明確的君主意識、公共領域觀念與禮法等，因此，逐漸產生國家的體制條件。

待拓跋珪獲得巨大的軍事勝利後，政權的規模迅速擴展，面對著極需整合而龐大的政治社會體，太祖將加入的各方部落解散「同爲編戶」，企圖創建一個新帝國。此外爲了適應黃河流域北方大族的現實存在狀態，遂實行宗主督護制，認爲「拓跋帝國對於這一片土地是通過大族來統治的」。

此文準確指出北魏政權的結構特質，在拓跋部落範圍內是其凝聚認同感的基礎所在，但在拓跋部落範圍外又是引起矛盾的關鍵，加上又新面對黃河流域上陌生的北方大族挑戰，促使其必須持續調整政治社會體的發展。在這樣現實情勢的發展背景下，可以想見在北魏政權下政治力與社會力之間是充滿著拉力的。北魏政權統治著多種族與龐大漢人在中原新領域創建新式政治社會體，必須面臨著民族界線所衍生的複雜問題與政治社會領域間緊張的拉扯，所以，在此歷史背景下來進一步探討胡、漢的認同是深具意義的。

〔註31〕另外兩篇〈領民酋長與六州都督〉與〈北魏鎮戍制度考及續考〉的基本思考觀點概略如此。兩文同收入氏著，《魏晉南北朝史論集》。

〔註32〕唐長孺，〈拓跋國家的建立及其封建化〉，收入氏著，《魏晉南北朝史論叢》（北京：三聯書店，1955年7月第1版）。

1956 發表〈拓跋族的漢化過程〉〔註33〕一文，延續著上文政權結構特質的脈絡。認為拓跋力微到拓跋珪，以拓跋部落為核心的軍事聯盟持續發展，從鮮卑語通行於各部落間的現象，可知「一種語言之被各部落所接受便標識著超越於部落組織的共同體正在產生」。這個軍事共同體得以成形，除了游牧文化的共同背景以外，更重要的條件就是拓跋政權占有一定地域空間並遂行其政體的統治。因此，可想而知在漢化之前拓跋政權的組成，應該是認同性極高的部落群體，但其統治性質屬於軍事性。

當軍事聯盟共同體入居中原以後，被分土定居為編戶，分布在王畿的內外附近，形成不同以往移動性游牧的地域性組織。初期藉著掌控農業生產人口以穩定經濟來源，但是，也開始面臨龐大農業文化體系的種種挑戰。文中認為「拓跋族自身經濟、政治的發展要求走向漢化，而且不這樣也不能維持這個『不鞏固的軍事行政組合』」。這個「不鞏固的軍事行政組合」主要是指代人貴族普遍反對政府走向漢化的方向，在此，彰顯出部落文化認同力量的存在與影響，其中頗有可討論發揚之處。另外，對於北魏政權發展的解釋，必須走向漢化才能鞏固政權的觀點，仍可有檢討的空間，我們可試著回歸當時的環境重做評估。

最後，此文指出北邊鮮卑化的發展傾向極富意義。無可否認地，北邊民族群體彼此認同為同一共同體。此項發展對照於南邊漢化的發展傾向，正好凸顯出新創建的政府無法統整全境於一個行政體系之下，為何做這種排斥性規劃？抑是存在著其他原因？相信仍可重新檢討一番。

1983 發表〈論北魏孝文帝定姓族〉〔註34〕一文，指出從石趙以至北魏前期，定士族的依據是魏晉舊籍，等到太和十八年孝文帝遷洛以後，重定士族是依據先世官爵判定姓族高低，以當代官爵為主要標準，突破了傳統「士族舊籍」，建立出新的門閥序列。

關於北魏定士族的等級，經過石刻與文獻的印證，作者認為《隋書・經籍志》所載的四海大姓（四姓）、郡姓、州姓與縣姓等四級制是可信的。關於士族等級的落實狀態，我們可以嘗試印證於文獻上胡、漢大族子弟的起家官情形。若確實呈現出等級差別的狀態，代表著北魏政權的改革的確融會胡族

〔註33〕唐長孺，〈拓跋族的漢化過程〉，原刊於《歷史教學》1956 年第 1 期，後來收入氏著，《魏晉南北朝史論叢續編》（北京：三聯書店，1959 年 5 月第 1 版）。

〔註34〕唐長孺，〈論北魏孝文帝定姓族〉，收入氏著，《魏晉南北朝史論拾遺》（北京：中華書局，1983 年 5 月第 1 版）。

於新的政治社會結構中，也可以說是對漢族社會型態的認同與學習。

（三）馬長壽先生：《烏桓與鮮卑》〔註35〕

馬長壽專攻於少數民族的研究，此書雖然六十年代即已完成，但至今仍是極佳的參考著作。全書描述鮮卑部族的起源、遷徙以及建國各階段的情形都相當深刻、具體，尤其，在史料缺乏處常以合理的推測給予解釋，是一值得精讀學習的著作。

（四）萬繩楠先生：《魏晉南北朝史論稿》〔註36〕

書中〈魏初北方人戶的複雜化〉一文，指出北魏統治下的人民，包括新民、雜戶與生口奴婢三種，北魏政權憑藉有限的人力，卻試圖掌控龐大的人力、土地與生產力。這樣的政治思維似乎是沿襲游牧的傳統習性，強調掠奪資源、掌控人力、物力，將資源集中於統治階級。這樣的統治，只見到強制軍事力由上而下的控制，未見到其他相關的整合性措施。也就是說，在北魏的想法裡，在新政治社會架構的需求前提下，以功能取向強制將各種人戶分類、定位，缺乏整體融合的作為。

北魏憑藉著武力將各種民族的身分、地位、職業與所屬社群以及生活空間等，都一一加以強迫改變，以遂行其資源與秩序的掌控。此一統治方式，事實上是構成北魏一朝穩定而重要的政治架構。因此，若將這些看似不特出的政治作為以及牽涉龐大的人戶數據勾勒出來，並對照於後來在各地區各領域產生的叛變，闡述其中的因果關係，或可突顯出北魏在政治認同建構上的失敗層面。此一方面的深刻影響，似乎長期是被忽略的，永遠不及於漢化容易引起注意。

（五）嚴耀中先生：《北魏前期政治制度》與《魏晉南北朝史考論》〔註37〕

《北魏前期政治制度》針對高祖改革前的體制而研究，認為這體制是游牧文明與農業文明的結合物，具有胡漢相揉、合中有分的二元結構。全書分別從分部制、內外朝、地方多重管理、財政體系、刑法、兵制、封爵制與宗

〔註35〕馬長壽，《烏桓與鮮卑》（桂林：廣西師範大學出版社，2006年6月第1版）。
〔註36〕萬繩楠，《魏晉南北朝史論稿》（合肥：安徽教育出版社，1983年8月第1版）。
〔註37〕嚴耀中代表作有二：《北魏前期政治制度》（吉林：吉林教育出版社，1990年7月第1版）與《魏晉南北朝史考論》（上海：上海人民出版社，2010年5月第1版）。

教等體制的角度展開討論，來映證其基本論點。這些體制的研究，是本文研究的基礎背景，也值得參考。近來的新作《魏晉南北朝史考論》，書中也有持續對北魏的探討研究，也需注意其研究成果。

（六）何德章先生：研究北魏的著作與《魏晉南北朝史叢稿》〔註38〕

何德章對北魏史研究作品甚多，近來新出版的《魏晉南北朝史叢稿》中頗多與本文研究相關的議題以外，未收入本書的〈北魏國號與正統問題〉、〈北朝鮮卑族人名的漢化—讀北朝碑志札記之一〉與〈北魏太武朝政治史二題〉等文章，也都是值得參考學習之作。

（七）張金龍先生：《北魏政治史研究》、《北魏政治與制度論稿》 與《北魏政治史》〔註39〕

張金龍於北魏研究是一位多產的學者，集中於《北魏政治與制度論稿》的諸多單篇文章，頗多有值得參考的著作。此外，針對北魏政治研究，先後撰有《北魏政治史研究》與長達九冊的《北魏政治史》，尤其後者多能補充各議題在學界的最新研究成果與個人的心得見解，所以，是政治史領域研究必須參考的著作。

（八）陳爽先生：《世家大族與北朝政治》〔註40〕

此書雖然僅集中於討論太和改制前後的時期，但其研究的角度頗不同於其他學者專注於中央的政治現象，他從區域世家與政權中央互動關係的角度展開討論。對本文而言，此書個案研究范陽盧氏、太原王氏、滎陽鄭氏與地方豪族等，正是研究地方社會力與中央政治力間拉扯的情形，正可作為論證的基礎。

〔註38〕何德章近來出版《魏晉南北朝史叢稿》（北京：商務印書館，2010 年 11 月第 1 版），除了此書所收文章以外，與本文較有關係者有：〈北魏國號與正統問題〉，《歷史研究》1992 年第 3 期；〈北朝鮮卑族人名的漢化—讀北朝碑志札記之一〉，《魏晉南北朝隋唐史資料》第 14 輯（1996 年 6 月）；〈北魏太武朝政治史二題〉，《魏晉南北朝隋唐史資料》第 17 輯（2000 年 4 月）。

〔註39〕張金龍關於北魏的著作有：《北魏政治史研究》（甘肅：甘肅教育出版社，1996 年 12 月第 1 版）；《北魏政治與制度論稿》（甘肅：甘肅教育出版社，2003 年 3 月第 1 版）；《北魏政治史》（甘肅：甘肅教育出版社，2008 年 10 月第 1 版），此套書共計九冊。

〔註40〕陳爽，《世家大族與北朝政治》（北京：中國社會科學出版社，1998 年 12 月第 1 版）。

（九）李憑先生：《北魏平城時代》與《北魏研究存稿》〔註41〕

《北魏平城時代》一書，認為在錯綜複雜的發展過程中，有一條貫穿始終的主線，就是北魏皇權的建立與發展。關鍵是傳統拓跋部落遺制與遺俗的不斷干擾，使得北魏皇權的發展呈現時起時伏的狀態。首先影響拓跋部落聯盟解體而向封建集權國家轉化的關鍵就是離散諸部等措施，這個重大改革是針對部落酋長與部落民而來的，他們被迫改變身分、職業與地位等，所產生的衝擊必定很大。他們的生活形式、生活經驗等皆被改變，勢必影響他們對所屬新創政治社會體的態度。因此，這個層面是關係到胡人的政治認同與社會認同態度，值得加以深入探討。

此外，作者觀察到的傳統拓跋部落遺制與遺俗，就是兄終弟及的繼承遺制與尊崇母權的遺俗。為追求君主繼承制度的穩定，太祖道武帝制定子貴母死制度以杜絕母權干政，太宗時期建立太子監國制度以輔助皇權。然而，母權制遺俗深厚的影響力卻非太祖殘酷的殺戮所能斬絕，文明太后的臨朝聽政就是實證。所以，在這些重大史實的過程裡，仍有著被忽略而值得探討的層面。後續之作《北魏研究存稿》中，也有與本文相關者可注意參考。

（十）田餘慶先生：《拓跋史探》

事實上，此書並非只是「探路」而已，更是近年來攻堅的佳作。最大的貢獻在於，說明北魏政權在體制上如何由部落聯盟向帝國體制轉型。這個轉型的關鍵，表現於子貴母死制與離散部落。

太祖道武帝為了建立拓跋宗室的皇權並穩定長子繼承制的秩序，施行了「子貴母死」的制度。這個制度之所以產生，實來自於拓跋社會內部悠遠的傳統背景。「在部落聯盟時期，拓跋君長之妻或母是頗具敏感性的人物，她們所屬的部落往往通過她們，控制拓跋部內大事，特別是君位繼承。拓跋部落聯盟的維持，拓跋部在聯盟中君長地位的鞏固，往往要依賴拓跋母后，而且還要依賴母后外家部落。這就是禍根所在」。〔註42〕因此，當北魏政權欲建國稱帝之時，勢必「力求擺脫外家部落的束縛和干預」，以完成從部落聯盟向帝國體制的轉型。太祖用嚴屬的戰爭手段「離散部落」，以打破母族賀蘭與妻族獨孤的束縛，由此來建立帝國。作者深信，「離散部落之舉和子貴母死制度看

〔註41〕李憑，《北魏平城時代》（北京：社會科學文獻出版社，2000年1月第1版）與《北魏研究存稿》（北京：商務印書館，2006年12月第1版）。
〔註42〕田餘慶，《拓跋史探》（北京：三聯書店，2003年3月第1版），頁2。

似無涉，卻是內蘊相通，後者是前者的後續措施」。

　　本文認為可深究者在於，舊有的傳統體制在部落社會內運行已久，必已產生相對應的精神文化如價值觀、情感與認同感等。當進入此一「鉅變」轉型以後，原有的精神文化必定不能立刻消失不見而另外蘊育出相對應的精神文化，更可能是延續傳統精神於新時代的政治社會體。

（十一）侯旭東先生：《北朝村民的生活世界－朝廷、州縣與村里》〔註43〕

　　《北朝村民的生活世界－朝廷、州縣與村里》的基本出發點，原在於補充、修正谷川道雄所提出的豪族共同體理論。因為，在豪族共同體理論中，僅以豪族為論述核心進而解讀中古時期的政治社會結構，忽略掉基層社會群體的存在。因此，作者著墨於基層村民生活世界的探討，提出基層社會的三層結構：從朝廷、州里到村里，各項事務的運作便在這三層結構中運轉。這樣的研究角度是由下而上的，可揭露出基層民眾對政治認同與社會認同的部份現象，所以，對本文而言頗多可參考、借鏡的地方。

　　透過造像記資料的整理，呈現出北朝村民對所居住村落的認同與歸屬遠大於對朝廷鄉里制的認同。對村落的認同，就是對其所生活社會的認同，這應屬基層社會的真實狀況。更重要的意義在於，透過此一微觀的探索可見政治力與社會力在小小地方上的角力，這方面的景況是在傳統文獻資料中並未看到的，所以，相當能補助於本文的探討，可適當加以吸收運用。

　　書中所載〈造像記所見民眾的國家觀念與國家認同〉一文，指出綜觀533種含有為皇帝、國家祈福的造像記，「無論造像者生活在哪個地區，其態度相當明確一致，一言以蔽之，或祈盼皇帝、國王帝主與造像者的祖先、眷屬一樣『咸同斯福』，分享造像所帶來的福慶；或希望『皇祚永隆』、『國祚永隆』，期望皇帝統治持久興盛。……民眾的這種態度顯示了他們對皇帝的認同，不過，多數情況下，與其說是認同某個皇帝，不如說是認同皇帝統治體制」。〔註44〕由此可見，透過邑義組織信眾造像的自發自願行為，看到沒有官吏背景的庶民興福不忘皇帝與國家，可見庶民的日常生活與政治領域在某些層面有著密切的聯繫。

〔註43〕侯旭東，《北朝村民的生活世界——朝廷、州縣與村里》（北京：商務印書館，2005年11月第1版）。

〔註44〕侯旭東，《北朝村民的生活世界——朝廷、州縣與村里》，頁285。

　　民眾利用造像的機會為皇帝、國家求福祈慶，表現出積極的認同與歸屬。由此呈現出來的信仰與觀念是普遍存在的，深入民眾生活的許多角落。而這種認同於皇帝的心理有利於皇朝的統治，可說是當時乃至後代皇朝統治賡續不絕的重要心理基礎。因此，觀察中央政治圈的現象以外，並觀村民對村落的認同與對皇帝的認同，呈現出多樣複雜的認同現象。所以，基層社會的認同現象甚為重要。

　　作者所提基層社會的三層結構：朝廷、州里與村里，事實上也是帝國整體的金字塔結構。我們如將朝廷與州里視為政治領域以及將村里視為社會領域，大致是符合於實情的。此書提出官爵名號頒授的角度，來觀察政府與民間之間關係的維繫與運作。官爵名號是政治性的符號資源，其價值是由政治當局所賦予的。「在村里中，官爵名號意味著待遇、地位與榮耀；對朝廷而言，文武散官與板官一類官爵名號的授予並非要務。實際上，這類看似微末之事是帝國維護統治，確立凝聚力的重要手段，關係到帝國的穩定與延續」。〔註45〕因此，透過官爵機制的運作使社會裡的民眾與政治體系連結起來，這個機制也是輔助於帝國體系的正常運作。本文認為除了以官爵名號體制與政治領域發生連結以外，在政治理念層面上也是存在著連結的機制，這個層面尤能反映出認同的現象。

三、外文

（一）谷川道雄先生：豪族共同體論

　　根據 1984 年的學術報告〈魏晉南北朝及隋唐的社會和國家〉，〔註46〕社會的構成原理，關鍵在豪族與過獨立生活的農民（宗族和鄉黨的成員）的關係。豪族階級在東漢末以來的戰亂中能成為宗族和鄉黨的中心，關鍵在望族的賑恤貧民、放棄債權、領導生產、調解糾紛、組軍自衛與施捨撫養等行為的作用。

　　近一步地深入剖析，望（豪）族由人格特質表現出來的行為，是共同體構成的道德基礎。這些行為完全靠個人的道德心才能做到，以及來自於社會的兩個約束力量起著作用，第一個是社會輿論力量，第二個家風的約束力量。由此，谷川便推論出這種望族的家族道德就是形成鄉黨社會的關鍵。這種以

〔註45〕侯旭東，《北朝村民的生活世界——朝廷、州縣與村里》，頁 365。
〔註46〕谷川道雄著，姜鎮慶譯，〈魏晉南北朝及隋唐的社會和國家〉，《中國史研究》
　　　　1986 年第 3 期。

望族爲中心所形成血緣的和地緣的社會集團，就叫做豪族共同體。後來在 1990 年他又提出〈六朝時代的名望家統治〉〔註 47〕，此文是更深入地說明賑恤行爲的意義、名望家如何形成及名望家的人格三部分，補強共同體的基礎面理論。主要的實證性作品就是 1971 年發表的《隋唐帝國形成史論》〔註 48〕，以及 1976 年出版《中國中世社會與共同體》〔註 49〕的第三篇各文。以下僅討論與論文研究較爲相關者。

在《隋唐帝國形成史論》中，指出六鎮之亂是北魏孝文帝推行漢化政策後，城民由本來的自由民降至一種賤民的地位，就是對失去自由民身分的不滿，成爲六鎮之亂的直接導火線。北方胡族與漢族人民從自由民降至賤民，又從賤民爭取恢復自由民的身分，這就是六鎮之亂的歷史意義。這就是其共同體理論中的重要論點：胡族與漢族兩個社會的民衆對於自由身分的追求。

所謂對「自由身分的追求」，事實上應說是對其所屬社會文化群體的認同更爲適當。因爲，自己「身分」的確立，是由其所屬社會文化環境而來的。所以，此書的論點也引導我們注意到，北魏末年政治與社會領域對立衝突造成胡漢群體的痛苦掙扎。

另外，在與國家權力結合的問題上，從漢族士大夫的立場來說，胡族政權畢竟是異民族政權，很難說是自己的國家。如崔浩事件所彰顯的，漢族士大夫無論如何受到君主的寵遇，種族的障礙仍難以克服。後來，孝文帝的漢化措施試圖打破這一障礙，其目標在排除種族的區別，以社會身分作爲普遍性的原理並貫穿於胡漢兩社會，並以此爲基礎來建立統治體制。從漢族士大夫與這一新體制的國家的關係來看，當時的漢人貴族並不是擁有某種強大的力量，進而依靠這些力量參與國政的社會勢力。他們所做的，只是使漢族社會的傳統以及既成的身分秩序受到國家的承認和利用而已。

上述論點深度關係本文所討論的政治認同，值得將來再做討論分析。除了上述從漢族士大夫的立場以外，對北魏胡族政權的立場而言，也是一值得重視的大課題。因爲，清楚可見北魏政權一直企圖建構出包舉胡漢民族的新

〔註 47〕原文 1990 年刊於《龍谷大學論集》436 集，後又收入氏著，《中國中世社會與共同體》（北京：中華書局，2002 年 12 月第 1 版）第四篇。

〔註 48〕谷川道雄著，李濟滄譯，《隋唐帝國形成史論》（上海：上海古籍出版社，2004 年 10 月第 1 版）。

〔註 49〕谷川道雄著，馬彪譯，《中國中世社會與共同體》（北京：中華書局，2002 年 12 月第 1 版）。

國家社會共同體，這是極為困難而龐大的國家社會再造工程。

　　《中國中世社會與共同體》一書以士大夫的精神為中心，來把握六朝貴族的基本結構，即其共同體關係。就漢人貴族的立場而言，與其貪求中央的顯位而居高臨危，不如選擇鄉里的地方官較為樸實安全。擁有家鄉這一生活場所，也是他們成為貴族的根源。貴族在以家鄉為存在場所的同時，另一方面又保留著入中央政界居官位的機會。因此，貴族社會往往必須與政權結合。

　　該書對六朝貴族在社會面相上有深入的闡釋，在鄉黨共同體中，憑藉著道德與實務的能力，貴族能整合、協調鄉黨社會，並成為鄉黨社會的領導者。此一鄉黨社會的基礎，正是貴族得以成為官僚的憑藉。因此，六朝貴族在政治層面與社會鄉黨層面的角色是互助共存的。

　　由此可見其研究能夠橫跨政治社會兩大領域，以士大夫為論述主軸，將其中複雜的關係適當地聯繫起來，試圖由此來解釋歷史的重大發展。谷川細緻的論述的確引人入勝，也帶來頗多的啟發。相較於社會層面的細論，在政治層面的論述是比較薄弱的。在鄉黨的貴族成為官僚的過程中，與政治領域的諸多互動過程、關係中，應該仍有許多可再加以開發的空間。尤其在異民族政權下，漢人官僚的政治理念應該是值得細論的。

　　最後，谷川繼承宮崎市定《九品官人法研究》的基礎，進一步深論指出其中的關鍵在鄉品形成的機制：鄉論。他對鄉論的研究，帶來了相當具有啟發性的思考。宮崎當初只是針對關於鄉品的輿論做研究，谷川著重於鄉論意義的解讀。當時，在中央、地方或不同階層的場合裡，產生過許多不同的輿論。如將這些輿論予以適當整理，或能開發出更多的新議題。

（二）朴漢濟先生：《中國中世胡漢體制研究》〔註50〕

　　代表著作《中國中世胡漢體制研究》之外，另在 1991 年發表〈北魏王朝與胡漢體制〉〔註51〕一文，更能反映出核心論點「胡漢體制」的內涵。他的觀點，是指「並存在同一地區和統治體制下的胡漢兩個民族，在形成統一文化體制過程中的互相衝突、反目和融合，即以胡漢問題為基軸的一切社會現象」。對於此一核心觀點，從三個議題進行討論：一游牧軍事行動的結構，二作為班賜行為的賑恤，三北魏帝王的可汗意識等，試圖來探討北魏王權的性

〔註50〕朴漢濟，《中國中世胡漢體制研究》（漢城：一潮閣，1988 年）。
〔註51〕朴漢濟，〈北魏王朝與胡漢體制〉，收入東洋史學會編，《中國史研究的成果與展望》（北京：中國社會科學出版社，1991 年 6 月第 1 版）。

質。全文的論證，主要突顯出北魏王權二元性質中的胡族因素。

　　對本文而言，胡族層面之游牧軍事行動的結構與班賜行爲的賑恤等，可視爲傳統部族的組織結構融入北魏政權的體制中，也可說北魏政權在這個層面是以其傳統的社會認同爲基礎的。在此研究基礎上，本文試圖補充上當時胡族社會更完整的生活面貌。

（三）川本芳昭先生：《魏晋南北朝時代の民族問題》〔註52〕

　　此書所論議題相當多，與本文探討方向多有密切關係，是日文學界需相當注意者。在〈五胡十六國北朝時代華夷觀的變遷〉中，觀察民族集體的意識，認爲世祖時漢族士大夫的華夷觀發生很大變化，至高祖時，胡漢民族的華夷觀產生根本性轉變。在〈五胡十六國北朝時代的「正統」王朝〉指出，相對應於華夷觀的變化，王朝的正統觀也有相應的變化。此點是追求北魏歷史文化的定位，也是尋求其政權被認同的重要基礎。〈關於部族解散的理解〉一文，指出太祖「離散諸部」以後，但部族制度仍然存在，直到高祖全面性改革時才全面解體。這個現象是極富意義的，極可能是北魏部族社會穩固的傳統，其影響力可再進一步探索。在〈北族社會的變質與孝文帝的改革〉一文，提出非常值得注意的觀察心得，認爲高祖多項改革的目的，在於打破北族的認同感與群體意識，重新豎立中原正統的王朝。另外在〈胡族漢化的實態〉一文中，指出遷都洛陽的北族雖然走向漢化，但在其出現的文化與制度中，仍然留下北族文化深刻的影響。因此，可見北族群體之基本認同仍產生龐大的社會動能。整體而言，川本芳昭之研究已經不僅是整理政治社會現象的表面樣態而已，而是企圖深入性解讀其根本原因，是一值得學習的優秀學者。

（四）窪添慶文先生：《魏晋南北朝官僚制研究》等〔註53〕

　　《魏晋南北朝官僚制研究》是到目前爲止的主要代表作，他的基本觀點認爲：北魏政權在高祖改革以前存在著許多胡族文化因子，但是爲了統有廣大的中原地區漢人世界，因此必須將漢族舊有的官僚群納入其統治階層，所以不得不繼承漢族既有的統制架構。由此看來，窪添慶文是從官僚體制的角度切入來探討北魏時代。所以，在這樣基本的認知前提下，他關注研究的焦點是北朝貴族制，致力於觀察北朝貴族擔任各式官僚的情形。事實上，他的

〔註52〕川本芳昭，《魏晋南北朝時代の民族問題》（東京：汲古書院，1998 年 11 月）。
〔註53〕窪添慶文，《魏晋南北朝官僚制研究》（東京：汲古書院，2003 年）。

研究是從體制面探討北魏政權下胡漢關係以及政治社會面的變動，對本文而言，這些是基本事實的釐清，是認同態度演變的基礎，頗為重要。

（五）勝畑冬実先生：〈拓跋珪の部族解散と初期北魏政権の性格〉 〔註54〕

此文的貢獻在於，登國年間的部落解散是指聯盟內各部族進行部落重新編組的過程，舊的大人制被廢止，但這些部落酋長獲得北魏新政權的政治官職，仍維持對舊部族的統治管理。部落離散、部落民的編戶化與部落貴族的進入官僚體制，是一個很長的發展過程，並不是一次性政策便完成。由此來看，部落傳統的力量必定非常大，所以北魏政權的首次重大轉型便顯得極為緩慢。在這過程中，對新政權體制認知態度造成的衝擊、調整至為關鍵，本文嘗試解讀這影響政治認同的關鍵。

（六）松下憲一先生：《北魏胡族体制論》 〔註55〕

此書所謂的胡族體制，是指以雲代為國家重心的北魏統治集團所建立揉合草原傳統與魏晉制度的國家體制。透過考察北族社會的社會組織、政治參與、認同意識等方面的演變，來研究北魏的政治與社會的結構。此書所討論的議題，透露出胡族自身在政治認同與社會認同的諸多層面，對於本論文來說極具補充、參考作用。

領民酋長與部落解散關係的研究，本書認為是太祖將拓跋部以外四方諸部的舊部落聯合體解散，以內附部落長為領民酋長委由其統治，由此編成新的部落聯合體。此事的重大意義在於，實現國家體制的一體化與政治權威的一元化。重要的是，整合的成效能否塑造出諸部落的政治認同，若有，是奠基於如何的基礎？此一層面是本論文可以考察探究的。一般皆重視於尋求漢人的認同，但是，胡族部落認同的建立，對於部落出身的拓跋政權而言，在前期的重要性高於漢人的認同。又，此一長期的改造過程，北族的生活方式改變多少？影響其認同？

其次，高祖太和十七年遷都洛陽並在之前實施一系列政策，以及還有太和十九年的「姓族詳定」政策。對於此，高祖欲廢除以北族為中心的政治體

〔註54〕 勝畑冬実，〈拓跋珪の部族解散と初期北魏政権の性格〉，《早稲田大学大学院文学研究科紀要—哲学史学別冊》20，1994。

〔註55〕 松下憲一，《北魏胡族体制論》（北海道：北海道大學出版会，2007年3月30日第1刷）。

制，重新創造以皇帝爲中心的政治體制。也是想創造一個新的統治集團，以替代舊的胡族體制下的北族貴族集團。在此一政治社會結構大變動過程中，有如天翻地覆，究竟如何衝擊胡、漢民族的認同，絕對值得加以考察。

再次，此書蒐集石刻史料中北魏國號「大代」的記載，觀察出北魏社會中一直有使用「大代」國號的現象，代表著北魏國民對「代」所代表的文化意識的保持。事實上，這也是代人對其傳統政治與社會認同的表現。這是一項有趣的觀察，值得注意。此一國號稱呼問題，關係著認同問題至爲重要，若究清其內涵極爲重要，所以，本文認爲可以蒐集更廣泛的史料來進一步論證其中的變化。

最後，關於「代人」意識的研究，反映出北朝社會中北族的出身意識。相映於上述國號的稱呼問題，就是自我身份認同的表現，更是此一群體與其他群體做區別的標準，即其社會認同的一種表現。這種出身意識的產生，實來自於其群體共同生活經驗的累積與政治社會形勢所造成。這種身分認同與社會認同的出現，究竟是如何而來？非常值得嘗試探索。

（七）英文著作

相關研究著作首先必須提到 Wolfram Eberhard 的 Conquerors and Rulers: social forces in medieval china，〔註56〕提出胡族政權下漢人「鄉紳社會」的概念，藉鄉村城市雙家型態使這個社會結構得以穩固持久。Patricia Buckley Ebrey 的 The Aristocratic Families of Early Imperial China: A Case Study of The Po-Ling Tsui Family，〔註57〕透過博陵崔氏個案的深入研究，提供本文對士族在政治面與社會面活動很好的具體參考。

Albert E. Dien 在 State and Society in Early Medieval China〔註58〕的序言中，從地方士族的聲望機制角度，來解釋社會與政治領域間的互動以及政權取得正統性。這個從聲望展開的全面論述，頗值得參考。Jennifer Holmgren 則

〔註56〕 Wolfram Eberhard, *Conquerors and Rulers: social forces in medieval china*（征服者與統治者：中國中世紀的社會力量）（Leiden: E. J. Brill, 1970）

〔註57〕 Patricia Buckley Ebrey, *The AristocraticFamilies of Early Imperial China: A Case Study of The Po-Ling Tsui Family*（早期中國帝國的貴族家庭：博陵崔氏個案研究）（Cambridge: Cambridge University Press, 1978）

〔註58〕 Albert E. Dien, ed, *State and Society in Early Medieval China*（中國中世紀早期的國家與社會）

（California: Stanford University Press, 1990）

有數篇針對北魏的著作，包括：The Lu Clan of Tai Comman and Their Contribution to the T'o-po State of Northern Wei in the Fifth Century，〔註59〕提及北魏政權重視個人成就的選官原則，胡族的價值觀、文化傳統與語言長期流行於拓跋社會裡；The Making of an Elite: Local Politics and Social Relations in Northeasern China During the Fifth Centry A. D.，〔註60〕透過對清河崔氏個案的研究，來觀察地方士族與政治及政權間的互動關係；Northern Wei as a Conquest Dynasty: Current Perceptions; Past Scholarship，〔註61〕此文強調鮮卑文化的韌性與胡、漢文化的互相滲透與影響。總之，西方學者的學術訓練不同於我，亦有其可取之長處，尤其是在融合社會科學的層面，值得本文學習。

六、研究架構及各章節主題

本文「拓跋政權的政治與社會認同」，在整體的架構上，區分出政治認同與社會認同兩大討論區塊。在每一區塊裡，再分別觀察廣義上胡民族與漢民族在政策制度、組織結構、政治社會活動與言行互動等等層面展現的認同。胡民族主要是指政治上職掌政權的拓跋宗室與代人集團，即拓跋政權中主要的統治階層成員。漢民族主要指被統治的漢人士族與一般平民，但也有部分漢人士族進入政壇成爲官僚。胡、漢民族的政治認同與社會認同需同時並觀比較，才能看到北魏時代較爲完整的政治認同與社會認同。因此，在政治認同與社會認同兩大討論區塊中，都將胡、漢民族的狀況給予最大範圍的討論。

在政治認同部分，認同的對象主要是政權的合法性、君主的地位以及政治組織的型態等，這些條件都是在歷史發展過程中持續演變的，所以，本文從歷史過程中勾勒出政治認同型態的演變。此外，面臨重大環境變革時，整體政治體系也必須做出大幅度調整而影響政治認同，所以，這部份必須針對政治環節的重大變動及其引起的政治效應另作專題深入研究。此外，政治的

〔註59〕 Jennifer Holmgren, "The Lu Clan of Tai Comman and Their Contribution to the T'o-po State of Northern Wei in the Fifth Century,"（五世紀代郡陸氏對北魏拓跋國的貢獻）*T'ung Pao*, 1983, 4～5.

〔註60〕 Jennifer Holmgren, "The Making of an Elite: Local Politics and Social Relations in Northeasern China During the Fifth Centry A. D."（菁英的形成：五世紀中國東北部的地方政治和社會關係）*Paper on Far Eastern History*, N.30, Sept. 1984.

〔註61〕 Jennifer Holmgren, "Northern Wei as a Conquest Dynasty: Current Perceptions; Past Scholarship,"（征服之朝北魏：舊學問新觀點）*Paper on Far Eastern History*, N.40, Sept. 1989.

效應是無所不在的，在各種場域中都可能反映出態度，況且，北魏政權是立足於漢人世界的中原地區，加上了民族的種性差別因素，所以，政治認同便顯得極為敏感。總之，這是一個相當值得探索的課題。

在社會認同部分，主要著眼於胡、漢社會的組織特質及其運作機制，當然便包含其文化特質必須考慮進來，才是一項範圍較為完整的討論。因此，針對胡、漢社會的特質，草原游牧社會與中原農業社會，分別討論如何維繫社會成員的認同。考量社會環境的變動以外，另在各自社會環境孕育出來的價值觀、意識形態等精神文化層面，必須給予高度關注，因為，這是影響社會認同的深層因素。

政治力與社會力總是一個政權體系下的兩大力量，往往在不同的層面彼此衝突、拉扯或是競爭等等，遂影響該政治社會體型態、特質之演變。考量此種事實並衡量北魏的歷史演變，所以，在政治社會交互作用下，我們必須觀察政治力較強而產生的各種政權參與現象，也必須觀察社會力較強而產生的各種社會力量。就事實而言，政治力與社會力總是糾纏難解而不易釐清的，本文嘗試以北魏朝的指標性事件來分析其政治社會認同的衝突。

基於上述的整體研究架構，全文共分為六章。以下分別說明各章節研究的內容要點：

第一章「緒論」

提出本論文的基本構想、觀察的視野與整體的結構等，確立出研究討論的概略進行方向。這些種種的假設也是論文進行過程中參考比較的框架，在比較、反思的過程中，更可能回過頭來修正、補充起初的部份構想。本章包括研究動機、論點之提出、研究的涵義及層面、研究方法及資料、本題目之回顧檢討、研究架構及各章節主題與預期成果等七個小章節。

第二章「北魏的政治認同」

因為北魏政權是由以拓跋族為中心的遊牧部落聯盟所領導建立的，所以，首先要究明的就是立於統治階層主觀立場所希望建構的政治認同。這個層面多是在其政權發展擴大的歷史過程中逐步建立的，因此，必須就帝國的創建過程中逐一予以勾勒出來。本章分三節討論，第一節以「北魏帝國的肇創」作為基礎性的研究。區分出部落聯盟早期發展階段、部落聯盟擴大發展階段與學習帝國體制階段等三部份，觀察深深影響北魏帝國政治認同能否建立的重大事件、統治策略等。第二節「國家發展方針的確立」是北魏政權在

創建過程中所追求的目標，這也是政治認同最重要的表徵。北魏歷史從表面上觀察，此一大目標應該是拓跋政權集團的高度共識，但是，個中的政治理念卻是牽涉極多，並不容易克服現實環境的諸多因素。首先，單就拓跋政權君臣的政治理念，則明顯充滿著矛盾與不確定。其次，此一變動也反映在國號訂定的爭執上。甚至在歷史文化層面上，對北魏的定位如同其複雜的處境，在試圖建立認同的過程中充滿著曲折與衝突。第三節「君主體制的塑造」，首先，從部落聯盟體制發展到帝國體制，面對著不斷擴充發展的政治社會體，北魏必須不斷學習、調整出適當的統治體制。在統治經營體制上的學習，大概是由部落盟主型態邁向帝國君主體制。所以，必須了解在部落聯盟時代即已開始摸索學習的過程及累積出不少經驗。其次，圍繞著這個神聖的皇帝統治政體，除了必須得到胡、漢民族對君主正統性地位的承認、認同以外，還必須同時大動作進行「離散部落」以及去除母、妻族力量等堅固的傳統政治社會力量。此外，還必須考察君主意識的落實情形及其演變狀況。

第三章「北魏的社會認同」

不論胡、漢民族成員都是在其所屬社會環境中得到自我身分認同、價值定位、歸屬團體與文化脈絡等等，所以，對於所產生的社會認同各種現象必須作一深入性的探討。本章分三節討論，第一節討論「胡族社會的維繫」，來嘗試探討胡族民眾對社會認同的經營建構。在「漢化」觀點的論述架構下，胡族社會的發展及其力量總是被忽略居多，少有被提出加以討論。只要考慮到北魏政權是由胡族主導的基本事實的話，那麼，胡族社會認同的發展便益顯得需要研究了。本文回歸其游牧社會組織特質且不忽略進入中原社會面臨的轉變，觀察生活世界的改變、社會組織與祭典儀式等層面，以討論胡族的社會認同。第二節「漢族社會的延續」，自東漢以下北方歷經了長期的動亂，至北魏時期依然遭受外在環境的深刻影響，所以先了解社會型態的轉變。其次，在北魏的統治策略下，從宗主督護制到三長制的過程，考察漢族社會組織結構的情況。最後，就漢族社會內部考察，在不同的組織層級如何聯繫運作民眾，而使民眾產生歸屬感與認同感。第三節「士族共同體意識」，漢人社會中執掌最多權力、資源的終究是士族們，這個群體得以產生龐大的社會能量甚至影響政治與社會的發展等，根源主要是出自其思想文化與所形成的價值體系。這些共同的文化背景，也是士族群體對自身認同的基本依據，也是產生群體認同的標誌所在。本文檢視士族群體在政治與社會領域的表現言

行，都可以觀察到他們彼此之間存在著共同的價值理念。因此，探討漢人士族群體深度的社會認同面向，剖析凝聚漢人士族的價值體系之外，並與谷川道雄的豪族共同體論做比較討論。

第四章「北魏政治社會交互作用之政權參與」

北魏政權掌握絕大多數的政治資源而擁有相當絕對的政治力，漢人民眾深厚的地方根基使其也有相當龐大的社會力，當共同相處組成政治社會體時，彼此間必定在許多層面產生複雜的交互作用。畢竟，北魏政權掌握的政治資源較具有主控性，可以藉政治權力可作為統治整合政治社會體的重要手段與機制。況且，對於社會民眾而言，也有尋求政治領域發展的需求。因此，透過政治資源如官職、爵位與無形的政治價值的賜與、分配與制度性的規劃等，吸收各方社會成員得以進入政治領域參與政權的運作。如此，力求兼顧政治認同的達成與社會認同的滿足，在北魏政權下塑造政治社會體的統整。所以，在政權參與的環節上，可以呈現出政治力與社會力彼此的重要交互作用層面。本章分三節討論，第一節「統治階層的凝聚擴大」，北魏政權參與的特色，在太祖時期以前已經表露出來。隨政權擴大發展過程中，逐步吸收背景不同者成為帝國官僚而擴大統治階層的成員。整體來看北魏政權的參與情況，不僅包括胡族與漢人士族的徵引，而且還盡力吸收四方人士，企圖藉政治資源的分享來凝聚對北魏的政治認同。第二節「高祖的重門第政策」，因為此舉深深改變北魏政治社會結構的版塊及衝擊到彼此的認同態度，所以，必須專門討論這個環節，包括重門第政策的源起、重門第政策的執行與重門第政策的延續等。第三節「仕宦的延續」，首先透過爵號體制的運用，維持了統治階層的相當穩定性與延續性。此外，讓胡、漢參與政權官僚的子孫得以延續仕宦，更是維繫其認同感與歸屬感的直接辦法，也是維持政治力與社會力平衡的有效辦法，在此平淡無奇的層面上存在著北魏的長遠規劃。因此，再分別討論胡族的仕宦延續與漢族的仕宦延續。

第五章「北魏政治社會交互作用之社會力量」

在游牧類型文化或是跨游牧與農業文化類型的政治社會環境中，不同社會群體的力量受到重視或者發出相當的影響力，大概都是隨政治社會情勢演變而產生的，並沒有一個絕對的共同標準，只是互動對象多是政權當局。因此，對各種社會力量存在狀態的觀察，等於也是對政治社會演變情勢的部份層面觀察。尤其，可以在政治社會交互作用下具體呈現各種社會力的性質與

影響性。本章分三節討論，第一節「婚姻的聯結」，婚姻聯結的對象往往有著高度政治社會的地位與影響力，所以，產生婚姻聯結也都有著政治力與社會力交換的作用在內，對於胡族或是漢族而言都有多重的意義存在。分為三部份討論，一是北魏政權自部落時期以下聯姻策略的發展，了解婚姻在政治社會體中的功能。二是北魏政權與漢人士族的聯姻，這是具體表現北魏政權與漢人社會深度交往的代表性指標，不僅是漢人社會力量的表現，也開始出現漢人士族群政治社會地位的變化等。三是士族之間的聯姻，不僅可以觀察門第社會力量的統整，而且，也往往有著政治資源的彼此支援與交換等功用。第二節「地方勢力的對抗」，在北魏統治的廣大土地範圍內，不論在中原地區或是邊境地區，都始終存在漢人民族或是其他少數民族群體組成的或大或小的地方勢力。這些勢力團體有著強烈的地方社會色彩，多與北魏中央形成衝突、對抗的情況，始終是北魏統治整合地方社會的強大阻力，彼此互動過程中所產生的意義值得重視。分成三部份討論，一是地方勢力的類型，二是對地方勢力的整合，三是普遍持續的地方勢力反叛現象的探討。第三節「士族群體的力量」，關於士族力量的研究已多，在此希望能補充說明漢人士族在其他層面呈現的力量。這節討論：一社交輿論的網絡，事實上此一層面的串聯有著巨大的政治社會效應，而且，此一現象似乎已經形成為一穩定的社會機制。二與政治的高聯繫，士族群體多以其自身擁有的種種優勢與政治仕途高度結合起來，遂更增加進入政治領域的條件與機會。三知識文化的功能，此一層面的漫長經營往往累積出士族群體在政治社會產生力量的重要基礎，而且，所掌握的知識文化是認識、規劃當時整體生活世界運作的最重要關鍵，所以，始終為士族高度重視與保持。因此，士族所持有發展知識文化的功能，在政治社會體中益顯重要。

第六章「結論」

綜合說明各章的研究結論，並對北魏歷史文化發展提出心得。

七、預期研究成果

綜觀本章整體的構想與說明，預期的研究成果有下列三項：

一、透過多方史料彙整、研讀與分析，對於本文提出「政治與社會認同」的論點能夠得到合理的解釋。

二、在各章節議題的討論過程中，能夠進一步發掘被研究較少的議題層

面或是被忽略掉的議題，以彌補北魏歷史的空缺。

　　三、綜觀整體政治社會認同的研究，在北魏史領域的研究基礎上，不僅能繼續開拓出更寬廣的研究視野，進而上溯下延至中古時期更長的時段。

第二章　北魏的政治認同

　　拓跋政權從塞外的游牧部落競逐世界中逐漸崛起，所憑藉者是傳統部落聯盟的強大軍事武力。隨之入主中原區域，面對的是新的生活世界、相當不同的社會文化體。漢人社會有著人口數量、地域空間上的優勢以及諸多深厚的政治傳統，北魏拓跋政權面臨許多衝擊挑戰，必須做出相當的調整。相對的，在政權的擴建過程中，胡族社會自身也面臨了諸多危機與挑戰。所以，對於北魏拓跋政權而言，面對如此複雜的內外環境情勢，爲確保政權穩固的深層基礎，必須在政治認同的層面上多所經營。爲探討此一繁複的創建過程，本章試從三個部份進行探討，第一北魏帝國的肇創，第二國家發展方針的確立，第三君主體制的塑造等。

第一節　北魏帝國的肇創

一、部落聯盟早期發展階段

　　目前根據可靠文物史料得到的發現，拓跋政權的發展源頭已經確立上溯至大興安嶺北段的嘎仙洞時期，〔註 1〕但更早的發展未必僅止於此。〔註 2〕至於早期階段的發展狀況，核對於文字史料則所知有限，在高祖太和十一年（487年）高祐與李彪曾言及：

〔註 1〕米文平，〈鮮卑石室的發現與初步研究〉，《文物》1981 年第 2 期。
〔註 2〕康樂，《從西郊到南郊》（台北：稻禾出版社，1995 年 1 月初），頁 5：「根據目前所得資料，我們頂多也只能說嘎仙洞是五世紀時的拓跋人所認爲的祖先原居地。」

惟聖朝創制上古，開基長發，自始均以後，至於成帝，其間世
數久遠，是以史弗能傳。〔註 3〕

早期從拓跋始均到成帝拓跋毛有六十七世，是一段相當長時間的發展階段，大概只能憑藉部落傳統的口述記憶，再由後人加以追記：

世爲君長，統幽都之北，廣漠之野，畜牧遷徙，射獵爲業，淳
樸爲俗，簡易爲化，不爲文字，刻木紀契而已，世事遠近，人相傳
授，如史官之紀錄焉。〔註 4〕

《魏書‧序紀》此段記載應該便是根據「人相傳授」的口述記憶而來。由此而論的話，幽都（即薊城，今天的北京市）以北至大興安嶺，確實是一「廣漠之野」，範圍相當廣大且難以確立其界線。在這片廣大空間裡，包含平原與山林等的地理環境，能夠從事畜牧遷徙與射獵以謀生存。此時的部落型態應是較爲早期的游牧組織，領導者稱「君長」應是後來的說法，原有的稱法應是「可汗」。〔註 5〕

源頭的嘎仙洞位處大興安嶺北段，是這片「廣漠之野」相當北邊的區域。從北邊嘎仙洞到南邊幽都此一「廣漠之野」，容易使人想像成他們已經逐步南遷或者活動範圍相當大。如果原始部落民族的生活型態極少變動的話，我們或可以世祖太平眞君四年（443 年）來朝之烏洛侯國爲據，試作推論了解拓跋族的生活型態：

其土下濕，多霧氣而寒，民冬則穿地爲室，夏則隨原阜畜牧。
多豕，有穀麥。無大君長，部落莫弗皆世爲之。其俗繩髮，皮服，
以珠爲飾。民尚勇，不爲姦竊，故慢藏野積而無寇盜。好獵射。
〔註 6〕

很顯然在群山林海的環境中，生存條件並不佳，故有學者判定其爲以漁獵採集爲生的森林民族。〔註 7〕但就上述引文來看，當時主要以射獵爲生，畜牧只能配合於夏季季節以及適合地區而已，所以生產力應不高。至於「有穀麥」的現象，可能只是些許粗放的農作，絕非其生存食物的主要來源。所以，整體看來生活處於相當原始的狀態。在組織方面，個別部落內已有「莫弗」（可

〔註 3〕 《魏書》卷 57，〈高祐傳〉，頁 1260。
〔註 4〕 《魏書》卷 1，〈序紀〉，頁 1。
〔註 5〕 此點是與雷家驥師討論所指出的，如此的推論應是較符合早期的狀態。
〔註 6〕 《魏書》卷 100，〈烏洛侯國傳〉，頁 2224。
〔註 7〕 康樂，《從西郊到南郊》，頁 6～7。

能是低於可汗的部落主）世襲領導，〔註 8〕但是，尚未有跨部落的部落聯盟組織出現，即「無大君長」（大可汗）之所指。

　　上述的生活型態究竟持續了多久，後來又有如何的發展，從文獻上無從得知。但在《魏書‧序紀》卻記載成皇帝拓跋毛之時的情況：

　　　　聰明武略，遠近所推，統國三十六，大姓九十九，咸振北方，

莫不率服。〔註 9〕

因為《魏書‧序紀》內容頗多是追憶而成，真實性都有待更多的證據才能確定。因此，能否有三十六國與九十九姓群體的存在，若根據上述山林環境的條件來評估，實在難以承載如此龐大群體的生活所需，除非這個群體是分布於從北邊嘎仙洞到南邊幽都此一「廣漠之野」。但是，在兼跨山林與平原的環境裡，成皇帝拓跋毛能否組織並統治各別部落成為部落聯盟，自己成為聯盟主（大可汗），又令人相當懷疑。可能文獻不足，所以有學者推測解釋之，但無法加以證明。〔註 10〕甚至有學者根據後代的知識理論，企圖進一步解釋推論三十六國與九十九姓內部的組織狀況。〔註 11〕無論史實如何，在謹慎的原則下，我們只能推論說可能已有部落聯盟組織與聯盟主（大可汗）出現。至於實際情況如何，在史料的限制下，只能慎言其餘了。

　　在部落傳統中，領導者素有責任為群體尋找生存資源，故經過五代領導者之後，宣皇帝拓跋推寅之時「南遷大澤，方千餘里，厥土昏冥沮洳」，地理條件亦不佳，「謀更南遷」，結果「未行而崩」。這個南下遷徙發展的新環境，

〔註 8〕「莫弗」一詞較少被注意，應也是指部落領主，在史籍各部落中存在著。例如《魏書》2／40 越勤莫弗、4 上／79 敕勒莫弗（即 24／635 高車莫弗）、100／2223 契丹莫弗、103／2295 蠕蠕莫弗等。另在《北史》亦有記載:49／1785「斛斯椿字法壽，廣牧富昌人也。其先世為莫弗大人。」49／1795「賀拔允字可泥，神武尖山人也。其先與魏氏同出陰山。有如回者，魏初為大莫弗。」94／3123～4「勿吉國在高句麗北，一曰靺鞨。……渠帥曰大莫弗瞞咄。」94／3129～30「（室韋國）其後分為五部，不相總一，所謂南室韋、北室韋、鉢室韋、深末怛室韋、大室韋，並無君長。……南室韋在契丹北三千里，……漸分為二十五部，每部有餘莫弗瞞咄，猶酋長也。」

〔註 9〕《魏書》卷 1，〈序紀〉，頁 1。

〔註 10〕黃烈，《中國古代民族史研究》（北京：人民出版社，1987 年 7 月第 1 版），頁 279：「漢族士人鄧淵之流為拓跋修史時，根據拓跋口傳歷史附益而成。」

〔註 11〕馬長壽，《烏桓與鮮卑》（桂林：廣西師範大學出版社，2006 年 6 月第 1 版），頁 223～4：「此所謂『國』當指氏族集團或者部落；所謂『大姓』當指氏族或者比氏族較小的家支。按家支統於氏族，氏族統於部落，所以『大姓九十九』應當統於『三十六國』之內。」

根據諸多考古資料報告顯示，〔註12〕應該就是呼倫湖與呼倫貝爾草原地區。這個新環境對拓跋部落聯盟體有著新意義，從比較閉塞的山林來到開放的大草原，開始與更多的民族接觸交往，〔註13〕並且，從事適應此地環境的游牧事業。就此生活世界諸項條件的轉變不可謂不大，值得注意是否造成政治社會情勢的變遷。

再過七代領導者之後，在〈官氏志〉記載著獻帝拓跋隣之時有新的發展：

> 初，安帝（應爲成帝拓跋毛）統國，〔註14〕諸部有九十九姓。至獻帝時，七分國人，使諸兄弟各攝領之，乃分其氏。自後兼并他國，各有本部，部中別族，爲内姓焉。年世稍久，互以改易，興衰存滅，間有之矣，今舉其可知者。獻帝以兄爲紇骨氏，後改爲胡氏。次兄爲普氏，後改爲周氏。次兄爲拔拔氏，後改爲長孫氏。弟爲達奚氏，後改爲奚氏。次弟爲伊婁氏，後改爲伊氏。次弟爲丘敦氏，後改爲丘氏。次弟爲侯氏，後改爲亥氏。七族之興，自此始也。又命叔父之胤曰乙旃氏，後改爲叔孫氏。又命疏屬曰車焜氏，後改爲車氏。凡與帝室爲十姓，百世不通婚。太和以前，國之喪葬祠禮，非十族不得與也。高祖革之，各以職司從事。〔註15〕

若如前所推論成皇帝拓跋毛時已發展出部落聯盟群體，那麼三十六國與九十九姓可能是指較大與較小的部落單位名稱，當時的部落聯盟群體可能是較爲鬆散的狀態。至獻帝拓跋隣之時，爲更緊密的組織舊日鬆散的部落群體，遂提出以「七分國人」的策略來重編氏族組織，並可能以這新組成之帝室十姓氏族組織作爲部落聯盟群體的基礎。這整個部落聯盟群體的成員，可能就是「國」與「國人」所指的範疇，也就是當時他們彼此互相認同的我群體。此種彼此互相認同爲同一群體關係之形成，理應需要相當時間之演進與內部調適，才能出現「國人」的觀念。

〔註12〕包括：内蒙古文物工作隊，〈扎賚諾爾古墓群〉，《文物》1961 年第 9 期；〈内蒙陳巴爾虎旗完工古墓清理簡報〉，《考古》1965 年第 6 期；宿白，〈東北内蒙古地區的鮮卑遺跡〉，《文物》1977 年第 5 期。

〔註13〕潘其風、韓康信，〈東漢北方草原游牧人骨的研究〉，《考古學報》1982 年第 1 期。

〔註14〕上述〈序紀〉所載成皇帝拓跋毛之時，已經「統國三十六，大姓九十九」，可能〈官氏志〉此處記載錯誤。或者，這個部落聯盟體系成型於成皇帝拓跋毛之時，並持續存在至安皇帝拓跋越之時，若如此的説法解釋合理，則〈官氏志〉此處的記載並無不當。

〔註15〕《魏書》卷 113，〈官氏志〉，頁 3005～6。

　　至於「七分國人，使諸兄弟各攝領之，乃分其氏」一事，主要是指明統治方式的轉變。可能原來是由部落盟主（大可汗）如成皇帝拓跋毛直接統治諸部落，現在可能部落聯盟規模發展擴大，所以，獻帝拓跋隣派出自己的兄弟「攝領」統治七個部落，而將原來部落可汗的職位取代了。很顯然地，這個新策略加強於統治或說支配的層面，彼此的關係更爲緊密，有了更多的權力性與控制性。

　　這個統治方式的轉變，對照於烏桓、鮮卑傳統的部落組織情況，可以得到更清楚的了解：

> 有勇健能理決闘訟者，推爲大人，無世業相繼。邑落各有小帥，數百千落自爲一部。大人有所召呼，則刻木爲信，雖無文字，而部眾不敢違犯。氏姓無常，以大人健者名字爲姓。大人以下，各自畜牧營產，不相繇役。〔註16〕

原來部落領導者「大人」（應即是可汗）之產生，是依據能力而推舉產生，並非父子相承襲，所以也不會有「世業相繼」的現象。每一代的領導者上任後，部落稱呼便隨大人的名字而更改，遂形成部落「氏姓無常」的現象。雖然部落大人的命令有著高度的權威性，但是，並非能掌控所有的部落事務，所以才會出現「各自畜牧營產，不相繇役」的獨立自主狀態。因此，大人所掌管者應是部落群體內的公共事務或是群體的利益之事。就統治角度來看，原來部落組織內彼此的關係是並不緊密的。所以，由此來看獻帝拓跋隣「七分國人，使諸兄弟各攝領之，乃分其氏」之策略，實屬一項改革傳統的措施。打破各部落推舉舊制改以拓跋宗族成員爲指定的部落大人，隱然浮現一個更高位階的統治中心，取代了過去由下而上推出大人的部落群體。

　　不僅部落大人制度改變，在統治中心也有一項重要改變，就是領導權的世相傳襲。在獻帝拓跋隣之時首先出現「時年衰老，乃以位授子」。此後，在《魏書‧序紀》記載領導者的名分都清楚交代是父傳子或是弟繼兄，都不同於部落傳統的推舉大人制。這項改變對照與獻帝拓跋隣約同時期的檀石槐，史籍有載：「自檀石槐後，諸大人遂世相傳襲。」〔註17〕可能在各部落裡，當

〔註16〕　《後漢書》卷90，〈烏桓鮮卑列傳〉，頁2979。《三國志》卷30，〈烏桓鮮卑東夷傳〉，頁832注引王沈《魏書》所載概略相同。

〔註17〕　《後漢書》卷90，〈烏桓鮮卑列傳〉，頁2994。《三國志》卷30，〈烏桓鮮卑東夷傳〉，頁838，注引王沈《魏書》。

時開始普遍出現部落大人「世相傳襲」的現象。因此，拓跋政權這項改變之意義，正在於以拓跋宗族「世相傳襲」統治部落聯盟。

整體來看，獻帝拓跋隣「七分國人，使諸兄弟各攝領之，乃分其氏」一事，是拓跋政權早期的重要發展里程碑，故張繼昊指出：「在習慣、文化轉變的大環境中，出現了以『拓跋』為統治氏族並延續下去的社群，其結構也趨於複雜、壯大，由『邑落各有小帥，數百千落自為一部』，轉變為由八或十個氏族部落合組而成的『拓跋部』。」〔註18〕這個頗有組織性的拓跋部就是其部落聯盟的基礎，標誌著組織更為緊密之拓跋政權的崛起。而且，這個拓跋部持續發展擴大並「兼并他國（部落）」。

嘗試進一步剖析拓跋部。每一個氏族部落的領導者，幾乎都與拓跋族有血親關係，透過這樣的核心關係，拓跋鮮卑政權首次正式創造出統治一定地域上部落聯盟群體的政權。就政治而言，大的政治軍事力量組成一定地域的聯盟，初步形成政權的領導中心，已突顯與傳統部落不同的權力形象。就社會而言，可能超越傳統部落的範圍，整個部落聯盟成為其新的歸屬群體象徵與認同對象。其實，此項措施是在一定的部落社會傳統上，加上新產生政治力的改革，兩者相當密切的結合。所以，此一部落聯盟體系外表或許同於傳統，但是，其內部關係顯然企圖加強凝聚力與控制力。

極有可能地，此一新組織新發展的部落聯盟體事務日趨發展，已產生需要固定政治社會軍事領導中心的形勢，所以，為了尋覓適合此一部落聯盟體的生存空間，拓跋隣與拓跋詰汾父子時再度南遷。如同拓跋族的神話傳說流傳著：「時有神人言於國曰：『此土荒遐，未足以建都邑，宜復徙居。』」由此也表達出拓跋族塑造的群體歷史記憶。因此，南遷至「匈奴之故地」，即漢代的五原郡（今綏遠省包頭市西）境內。

這個新創的部落聯盟雖然所屬部落民數量有所增加，可是，相對於這片草原的其他部落聯盟，可能仍是相對的弱勢，所以，在始祖神元皇帝拓跋力微元年（220 年），發生「西部內侵，國民離散，依於沒鹿回部大人竇賓」的狀況。這位西部大人應該不是「西部鮮卑大人蒲頭」，〔註19〕而是拓跋詰汾的長子匹孤。當時的情勢為「詰汾末年拓跋部落聯盟發生內亂，詰汾長子匹孤率所部遠走河西，獨立發展，後人稱之為禿髮部。詰汾次子力微在故地，則

〔註18〕張繼昊，《從拓跋到北魏》（台北：稻鄉出版社，2003 年 12 月初版），頁 150。
〔註19〕馬長壽，《烏桓與鮮卑》，頁 227。

依附於沒鹿回部」。〔註20〕然而，拓跋力微優秀的領導能力大受竇賓讚賞，所以，竇賓想「分國（應是所轄部落聯盟）之半，以奉始祖，始祖不受，乃進其愛女」以聯姻方式建立彼此的關係。最後，拓跋力微選擇率領目前所剩餘的部落北居長川（今察哈爾省尚義縣西）重整旗鼓，結果「積十數歲，德化大洽，諸舊部民，咸來歸附」，可能恢復了舊有部落聯盟的規模。

後來，在拓跋力微二十九年（248年）殺掉竇賓的二子以後，「盡并其眾，諸部大人，悉皆欸服，控弦上馬二十餘萬」。很顯然地，拓跋力微以其部落武力將沒鹿回部所屬的部落聯盟吞併，必定使其個人威望更高以及部落聯盟的規模更為擴大。在這樣的局勢發展下，拓跋部落聯盟更具體的發展狀況，可能就是「餘部諸姓」內入者共有七十五姓，「四方諸部」歲時朝貢者共有三十五姓等。〔註21〕這些應該是或大或小的部落，他們被拓跋部兼併或者是自動歸附加入拓跋部落聯盟。或許，這段記載仍有誇大之嫌，因為在拓跋力微時期，東方的宇文部與慕容部勢力尚在拓跋部之上，應該不可能併入拓跋部落聯盟。但是，這段記載應該仍是反映出當時拓跋部落聯盟擴充發展的一定事實。

拓跋部落聯盟早期的發展，本文根據其發展軌跡認為在獻帝拓跋隣採行「七分國人」措施之時已經成形。〔註22〕所根據者在於「七分國人，使諸兄弟各攝領之」的策略，不僅改革部落傳統制度而且已產生一個更高位階的統治中心，來進行部落群體的統治。而且，統治權改以拓跋宗族「世相傳襲」統治部落群體。這些改革的目的，關鍵在於加強政治的支配力與群體的凝聚摶成。因此，至少拓跋部落聯盟的雛形已然出現。後來，經過拓跋詰汾在匈奴故地、拓跋力微在長川的經營發展，使得拓跋部落聯盟逐漸穩定並擴大。至於拓跋部落聯盟的組織結構，是否如馬長壽所推論的三層關係網—中央是宗室八姓，次圈是內入七十五姓，外圈是四方三十五姓，〔註23〕恐須更多論證才能有更清楚的認識。

〔註20〕田餘慶，《拓跋史探》（北京：三聯書店，2003年3月第1版），頁16。
〔註21〕《魏書》卷113，〈官氏志〉，頁3006～14。
〔註22〕本文的論點與馬長壽（《烏桓與鮮卑》頁230）相同，康樂（《從西郊到南郊》頁13、17）與張繼昊（《從拓跋到北魏》頁177）則主張拓跋部落聯盟成立於拓跋力微三十九年（258年）遷於定襄盛樂以後。田村實造，〈拓跋族の歷史的發展〉，收入氏著，《中國史上の民族移動期—五胡‧北魏時代の政治と社會》（東京：創文社，1985年3月），頁184所說組織部族連合體，應即是指部落聯盟成立。
〔註23〕馬長壽，《烏桓與鮮卑》，頁236～9。

二、部落聯盟擴大發展階段

　　極有可能地,從拓跋力微二十九年(248年)到三十九年(258年)期間,是拓跋政權的極力擴張時期,更為廣泛吸納來自各方的部落勢力。在這個部落聯盟政權擴充發展的新形勢下,使得拓跋部落內再度思考著如何領導這個更為龐大的部落聯盟政權持續往前發展。在三十九年(258年),拓跋力微將發展的政軍中心由長川遷移至定襄的盛樂(今內蒙古和林格爾縣北)。對於這個遷徙動作,很容易思考到的是,長川的諸項條件與形勢已不足以作為一個領導中心,故另外成立龐大的政治軍事指揮中心以領導這個新的大部落聯盟政權。這象徵著拓跋政權的發展進入新的階段:

> 夏四月,祭天,諸部君長皆來助祭,唯白部大人觀望不至,於是徵而戮之,遠近肅然,莫不震懾。始祖乃告諸大人曰:「我歷觀前世匈奴、蹋頓之徒,苟貪財利,抄掠邊民,雖有所得,而其死傷不足相補,更招寇讎,百姓塗炭,非長計也。」於是與魏和親。〔註24〕

在盛樂展開的新時代裡,拓跋力微展現出新領導作風與新思維。此事大概是拓跋部落聯盟政權有史以來首次的重大轉變,標誌著拓跋政權發展的新階段。拓拔力微提出並執行國政的新方向,這極可能就是拓拔力微被拓跋珪尊為始祖的關鍵原因。以下分就對內與對外兩方面來嘗試解析之。

　　對內部份。拓跋部落聯盟原來可能只是北方廣大遊牧部落聯盟體系中的一個部落聯盟,拓拔力微經歷內部的分裂解散與長川時期的休養生息之後,進而兼併沒鹿回部的聯盟勢力,又吸納了內入諸姓與四方諸部,因此,拓跋力微遂成為大部落聯盟的霸主。在三十九年(258年)拓跋力微往西遷徙定居於盛樂,除了表示其勢力往西部拓展外,更可能是因為這裡最適合作為領導、指揮廣大部落聯盟體系的中心,此一遷居彰顯拓跋部落聯盟勢力之擴大與拓拔力微之領導地位。

　　舉行祭天宗教儀式,「諸部君長皆來助祭」,代表各部落統屬於拓跋部落聯盟政權,更是確立拓跋力微領導威權的具體象徵,也是凝聚部落群對拓跋部落認同的儀式動作。因此,祭天宗教儀式的政治意義重大。所以,當白部大人不前來助祭且位處聯盟勢力交通要區,〔註25〕不僅阻礙部落聯盟政權的發展,也否認拓拔力微的領導地位。面對此一挑戰絕非拓跋力微所能容忍,

---

〔註24〕 《魏書》卷1,〈序紀〉,頁3～4。
〔註25〕 張繼昊,《從拓跋到北魏》,頁178。

故藉殺戮行為來確立其在部落聯盟體系內的領導威權，也藉此鞏固部落聯盟體系的組織。因此，祭天儀式等於就是對部落聯盟內的整合行動，造成「遠近肅然，莫不震懾」的強烈效果。更重要的意義在於，已經出現「王權」的政治符號了。

對外部份。當對內秩序的整合確定下來後，拓跋力微以領導者的身分對各部落大人宣示對外的新發展方向。他要領導這個部落聯盟政權邁向新境界，充分表現出其優秀領導者意識。他的領導思維從游牧民族的歷史中建構出未來，對匈奴、蹋頓等的歷史經驗提出深刻的觀察反省。他認為過去憑著強大的武力迅速掠得財利以滿足慾望，看起來好像真的有所得，但是，認真思考其中的利弊得失，恐怕付出的死傷代價更甚於所得財利。況且，掠奪式的生活型態必定豎立了更多敵人，百姓也會屢遭戰爭的蹂躪、荼炭，所以，絕非長治久安之計。

在拓跋力微的思維中，值得注意並將加以揭露者有三：第一，懂得學習游牧民族過去的歷史經驗，產生自己對生活處境的因應智慧。第二，對國力有整體而深入的精確認知，能衡量其中的輕重得失，而不會迷失於表面暫時強大的游牧武力。第三，對百姓已有民胞物與的胸懷，並追求長久穩定的發展，對未來規劃出發展方向。由上述三點，可充分看出拓跋力微與過去游牧民族領袖之不同，也表現出其新式領導的優異之處，這應是歷史上少見的游牧民族領袖。

對歷史經驗深刻反思之後，拓跋力微提出對部落聯盟政權極具突破性的「與魏和親」政策（本質為與中原政權展開外交關係）。此一盛樂時期新政策的深遠意義在於，游牧政權主動與中原農業政權展開交往互動，已經跨越出游牧生活世界的邊界。此一力微所確立的立國基本政策，隨後是加以落實的。「四十二年（261 年），遣子文帝（拓跋沙漠汗）如魏，且觀風土。魏景元二年也」。嚴耀中便認為拓跋政權二元政治體制與定都盛樂關係密切，「定都盛樂（後來遷到離此不遠的平城）的同時，也是交好南夏，接受魏晉官制的起始，此即為北魏政治體制雙重奏的開端」。〔註26〕

這是拓跋政權的首次中原經驗，是為執行新立國政策而提出產生的，絕不同於以往游牧民族對中原地區的掠奪行動。看來這個外交策略得到相當的成功：

〔註26〕嚴耀中，《北魏前期政治制度》（吉林：吉林教育出版社，1990 年 7 月第 1 版），頁 11～12。

> 文皇帝諱沙漠汗,以國太子留洛陽,爲魏賓之冠。聘問交市,
> 往來不絕,魏人奉遺金帛繒絮,歲以萬計。始祖與鄰國交接,篤信
> 推誠,不爲倚伏以要一時之利,寬恕任眞,而遐邇歸仰。魏晉禪代,
> 和好仍密。〔註27〕

可注意的是,拓跋政權對外互動雖然主要對象是中國,但在北方的國際世界
裡,是與各方交好以謀取穩定的國際關係。整體來看,拓跋力微與拓跋沙漠
汗父子兩代執行的新立國政策,所求是爲了拓跋政權長治久安的發展。然而,
與鄰國之間除了交好的一面以外,當各國勢力穩定成長之時,可預期的尚存
在著競爭的一面,甚至成爲敵對衝突的對象。〔註28〕西晉大臣衞瓘便是如此
謀略著拓跋政權:

> 五十六年(275年),帝(拓跋沙漠汗)復如晉;〔註29〕其年冬,
> 還國。晉遺帝錦、罽、繒、綵、綿、絹、諸物,咸出豐厚,車牛百
> 乘。行達并州,晉征北將軍衞瓘,以帝爲人雄異,恐爲後患,乃密
> 啓晉帝,請留不遣。晉帝難於失信,不許。瓘復請以金錦賂國之大
> 人,令致間隙,使相危害。晉帝從之,遂留帝。於是國之執事及外
> 部大人,皆受瓘貨。〔註30〕

事實上,文帝拓跋沙漠汗的「如晉」是作爲人質,凸顯出拓跋政權尚臣屬於
晉的角色狀態。晉征北將軍衞瓘是相當了解拓跋政權的內部國情以及與晉交
往產生的變化,唯恐拓跋政權強大起來,他的賄賂策略果然達到「令致間隙,
使相危害」的目標:

> 五十八年(277年),方遣帝(拓跋沙漠汗)。始祖聞帝歸,大
> 悅,使諸部大人詣陰館迎之。酒酣,帝仰視飛鳥,謂諸大人曰:「我
> 爲汝曹取之。」援彈飛丸,應弦而落。時國俗無彈,眾咸大驚,乃
> 相謂曰:「太子風彩被服,同於南夏,兼奇術絕世,若繼國統,變易
> 舊俗,吾等必不得志,不若在國諸子,習本淳樸。」咸以爲然。且
> 離間素行,乃謀危害,並先馳還。始祖問曰:「我子既歷他國,進德

〔註27〕《魏書》卷1,〈序紀〉,頁4。

〔註28〕《晉書》卷36,〈衞瓘傳〉,頁1057載:「于時幽幷東有務桓,西有力微,並
　　　爲邊害。瓘離間二虜,遂致嫌隙,於是務桓降而力微以憂死。」

〔註29〕《晉書》卷3,〈武帝紀〉,頁65載:「(咸寧元年275年)六月,鮮卑力微遣
　　　子(即拓跋沙漠汗)來獻。」

〔註30〕《魏書》卷1,〈序紀〉,頁4。

何如?」皆對曰:「太子才藝非常,引空弓而落飛鳥,是似得晉人異
法怪術,亂國害民之兆,惟願察之。」自帝在晉之後,諸子愛寵日
進,始祖年踰期頤,頗有所惑,聞諸大人之語,意乃有疑。因曰:「不
可容者,便當除之。」於是諸大人乃馳詣塞南,矯害帝。〔註31〕

衛瓘的外交賄賂策略的確有助於引發了拓跋政權內部的政變,不可忽略的
是,在事件過程中彼此存在的文化落差具有關鍵的助長動能,諸部大人內心
的不安便是由此而來。部落諸部大人最擔憂者,在於拓跋沙漠汗「風彩被服,
同於南夏,兼奇術絕世,若繼國統,變易舊俗,吾等必不得志」。也就是說,
他們一向認同於自身從部落傳統沿襲而來的政治利益與社會文化傳統,非常
擔心因拓跋沙漠汗的繼任而改變傳統的發展趨向。然而,這種高度擔憂之所
以同時在諸部大人心裡出現,實際上,是拓跋沙漠汗所學得的漢文化非常不
能為部落文化傳承者的諸部大人所認同。在此拓跋政權建政的初期,我們已
見到整體政治社會文化衝突所產生的認同問題早已浮上檯面。只是這個複雜
的問題,卻也不是年老的始祖所能見及所能理解的。

在拓跋政權早期的創建過程中,尚有一面相值得注意,就是力微父子規
劃、執行與中原的外交政策,但諸部大人並不認同這樣的國政方向。彼此的
認知之所以不同,最可能的原因,就是領導者的眼界已經思考部落聯盟整體
與週遭世界的互動關係以及後續的發展方向,而諸部大人始終立於部落層次
的利益來考量事務,並未就部落之外更大群體的整體利益來做考量。所以,
僅僅數人而已的統治階層之間,自早期創建過程中已產生很大的認知差距。
這種盟主領導思維不被大人理解接受的現象,後來一直存在於拓跋政權中,
到高祖孝文帝之時達到高峰。

後來,衛瓘的賄賂策略切中拓跋政權內部複雜的民族情勢,故能暫時離
散部落政權。當時「烏丸王庫賢,親近任勢,先受衛瓘之貨,故欲沮動諸部,
因在庭中礪鉞斧,諸大人問欲何為,答曰:『上恨汝曹讒殺太子,今欲盡收諸
大人長子殺之。』大人皆信,各各散走」。〔註32〕因此,拓跋力微在277年死
後,拓跋部落聯盟政權再度陷入短暫的紛亂,「諸部離散,國內紛擾」。這段
記載簡略的章帝拓跋悉鹿時期,除了曹永年的研究以外,〔註33〕田餘慶基於

〔註31〕《魏書》卷1,〈序紀〉,頁4~5。
〔註32〕《魏書》卷1,〈序紀〉,頁5。
〔註33〕曹永年,〈拓跋力微卒後「諸部離叛國內紛擾」考〉,《內蒙古師範大學學報》
1988年第2期。

烏桓與拓跋族密切的關係，特別指出：「我認為這次拓跋大轉折導因於拓跋搭檔烏桓的背叛，關鍵人物就是庫賢。」〔註34〕九年之後，頗有能力的平帝拓跋綽「雄武有智略，威德復舉」，使部落聯盟又重新恢復。

待至昭帝拓跋祿官、桓帝拓跋猗㐌與穆帝拓跋猗盧三部並立時期（參閱附圖），〔註35〕國力又大為擴充：

> 昭皇帝……分國為三部：帝自以一部居東，在上谷（察哈爾省延慶縣北）北，濡源（河北豐寧縣）之西，東接宇文部；以文帝之長子桓皇帝諱猗㐌統一部，居代郡之參合陂（綏遠省涼城縣東）北；以桓帝之弟穆皇帝諱猗盧統一部，居定襄之盛樂（綏遠省和林格爾北）故城。自始祖以來，與晉和好，百姓乂安，財畜富實，控弦騎士四十餘萬。是歲，穆帝始出并州，遷雜胡北徙雲中、五原、朔方。又西渡河擊匈奴、烏桓諸部。自杏城以北八十里，迄長城原，夾道立碣，與晉分界。〔註36〕

看來當初拓跋力微所立下的外交立國政策確實產生了效應，使得「財畜富實，控弦騎士四十餘萬」，展現出軍事強國的姿態。拓跋祿官往東拓展統治範圍至東接宇文部，範圍大概到達今天河北北部。拓跋猗盧往西擴展版圖至今天河套一帶，往南拓展至今天山西北部。大致上這個在陰山以南的區域，就是拓跋政權的基本統治區。除此之外，拓跋猗㐌亦往北、往西大力拓展：

> 三年，桓帝度漠北巡，因西略諸國。……七年，桓帝至自西略，諸降附者二十餘國，凡積五歲，今始東還。〔註37〕

這個廣大範圍應該是對其「歲時朝貢」的部落分布區，並非拓跋政權能夠直接統治的區域。拓跋猗㐌之所以如此費力征討，蓋與其政權基本特質密切相關。因為，得以「西略」拓展達五年，所倚賴者就是強大的游牧戰鬥力。這樣的拓展必定所獲豐厚，並將國力範圍往西域大為開拓。這樣的發展模式，使游牧部落的戰鬥力得以發揮，也維繫住他們在國家中的重要地位。如此的政權結構，是北魏政權往後發展的重要基石之一，也深深影響帝國發展的型態。

〔註34〕田餘慶，〈代北地區拓跋與烏桓的共生關係〉，收入氏著，《拓跋史探》，頁191。
〔註35〕「分國為三部」，即指北亞游牧民族傳統分為若干部落的意思，其中以拓跋祿官為大可汗，其餘二人為小可汗，各自領導所屬的部落群。地圖參閱頁319。
〔註36〕《魏書》卷1，〈序紀〉，頁5～6。
〔註37〕《魏書》卷1，〈序紀〉，頁6。

　　田餘慶關於三部並立所論最深，他從地域環境與部族關係的角度進行探索，得到的了解是「東部地區烏桓最盛，中部地區二族（拓跋與烏桓）互動共存，西部地區爲拓跋根本之地」。〔註38〕這樣的三部分立形勢，可能是其內部權力協調後的結果，看似不利於拓展，但如上所述擴張的頗有成果。

　　經過長期戰鬥的鍛鍊，拓跋猗㐌的所部成爲最具戰鬥力的部隊。當西晉并州刺史司馬騰來乞師以抗匈奴劉淵之時，拓跋猗㐌便容易地打敗劉淵，並得到「晉假桓帝大單于，金印紫綬」。這是拓跋政權成立以來，首度得到中原政權的封號。後來，拓跋猗㐌與拓跋祿官相繼死去，由拓跋猗盧「總攝三部，以爲一統」。可想而知，統一以後拓跋政權的勢力必定大爲提升。後來，西晉并州刺史劉琨又受鐵弗劉虎與白部大人的攻擊，拓跋猗盧使平文帝拓跋鬱律破走之，「晉懷帝進帝大單于，封代公」。

　　此次戰役重要意義是，西晉的形勢已經江河日下，拓跋猗盧趁機向南擴展：

> 帝以封邑去國懸遠，民不相接，乃從琨求句注陘北之地（恒州）。琨自以託附，聞之大喜，乃徙馬邑（山西省朔縣東北）、陰館（山西省代縣北）、樓煩（山西省寧武縣北）、繁峙（山西省應縣東）、崞（山西省渾源縣西）五縣之民於（句注）陘南，更立城邑，盡獻其地，東接（恒州）代郡，西連（汾州）西河、（夏州）朔方，方數百里。帝乃徙十萬家以充之。〔註39〕

不論魏收如何修飾語詞，都可看出拓跋政權在西晉末的紛亂之世版圖得到穩固的擴張，尤其是往南邊的拓展。而且在三年之後：

> 六年（313年），城盛樂以爲北都，修故平城以爲南都。帝登平城西山，觀望地勢，乃更南百里於灅水之陽黃瓜堆築新平城，晉人謂之小平城，使長子六脩鎮之，統領南部。〔註40〕

盛樂是拓跋力微三十九年（258年）遷建於此，並從此處立下與中原外交的立國發展政策，開始作爲政治軍事的中心。如今（313年）在盛樂發展五十餘年以後，隨著對南方的擴張，必須再增設一個更便捷的指揮中心—新平城。過去三部並立主要往東、西方向擴張，如今往南擴張突破舊有游牧範圍的新局

〔註38〕田餘慶，〈代北地區拓跋與烏桓的共生關係〉，《拓跋史探》，頁120。
〔註39〕《魏書》卷1，〈序紀〉，頁7。
〔註40〕《魏書》卷1，〈序紀〉，頁8。

勢產生，代表著拓跋政權重心開始往南移動。因此，拓跋政權的立國形勢由過去的東西三部並立發展成為北與南兩部的架構，這是北魏政權發展過程的重大轉變，也是此時期新的戰略部署。落實於都城的建設，遂由一都變成二都。對於這個新南都，拓跋猗盧「使長子六脩鎮之，統領南部」，可見其對拓跋政權之重要性。這個階段的發展，深刻影響拓跋政權後來的發展。〔註41〕

當時正值五胡紛起，劉聰與石勒的勢力縱橫一時，西晉仍是一再透過并州刺史劉琨向拓跋政權乞師求援。隨著涉入中原事務的加深，拓跋猗盧也得到報償，「八年（315年），晉愍帝進帝（拓跋猗盧）為代王，置官署，食代、常山二郡」。此時，在名義上已成為隸屬於西晉政權下的諸王之一，具有一定的政治地位。更重要者，在於拓跋君主對中原事務的想法也已逐步改變了：

> 帝忿聰、勒之亂，志欲平之。先是，國俗寬簡，民未知禁。至
> 是，明刑峻法，諸部民多以違命得罪。凡後期者皆舉部戮之，或有
> 室家相攜而赴死所，人問「何之」，答曰「當往就誅」。其威嚴伏物，
> 皆此類也。〔註42〕

這個「志欲平之」顯示拓跋君主頗有霸主之姿，力圖主控中原地區的秩序。若欲展開如此的軍事行動，當然必須傾國力以赴才有可能達致。所以，拓跋猗盧必須強迫部落民全體動員，採用新制「明刑峻法」來掌控其軍事行動。從「明刑峻法」與「威嚴伏物」來看，都顯示出拓跋君主對中原事務的積極性思維與行動，也顯示出拓跋君主威權的提升。

至平文皇帝拓跋鬱律之時，國力已經發展至「西兼烏孫故地，東吞勿吉以西，控弦上馬將有百萬」的空前實力。在如此強大武力後盾下，更是展現出中原新主之姿：

> 帝聞晉愍帝為（劉）曜所害，顧謂大臣曰：「今中原無主，天
> 其資我乎？」劉曜遣使請和，帝不納。是年，（晉元帝）司馬叡僭稱
> 大位於江南。三年，石勒自稱趙王，遣使乞和，請為兄弟。帝斬其
> 使以絕之。……五年，僭晉司馬叡，遣使韓暢加崇爵服，帝絕之。
> 治兵講武，有平南夏之意。〔註43〕

〔註41〕田餘慶，〈代北地區拓跋與烏桓的共生關係〉，《拓跋史探》，頁118記載：「一是走出僻遠邊塞，脫離守舊的部落勢力的羈絆，參與西晉政治活動；二是為拓跋獲得陘北五縣廣闊地域，可以作為向外活動的跳板。」
〔註42〕《魏書》卷1，〈序紀〉，頁9。
〔註43〕《魏書》卷1，〈序紀〉，頁9～10。

當時國際上諸王紛紛自立為帝或為王，企圖爭奪中原世界正統地位。值此競相獨立之際，拓跋鬱律也不再自認拓跋政權只是偏處一區的諸王之一，亦敢於承擔作為中原新主，而否認其他政權的正當性，完全展現爭奪霸主的氣勢。雖然，在實際上尚未實現，但由此態度的轉變趨向來看，至此，拓跋政權的質變不可謂不大。極可能因拓跋鬱律首次對外宣示政權的獨立地位，所以，當拓跋珪於天興元年（398 年）即位正式建國時，對過去拓跋鬱律的宣示動作極為看重，遂尊其為「太祖」。

在拓跋政權極力擴張之際，雖然發展出從未有的強大政治軍事力，但是，在維繫拓跋政權穩定成長的政治社會組織的發展上，仍舊難以取代部落傳統制度的影響力。正當拓跋鬱律雄心勃勃「治兵講武，有平南夏之意」時，卻被部落傳統力量所攔阻。「桓帝后以帝得眾心，恐不利於己子，害帝，遂崩，大人死者數十人」。拓跋政權此後的發展，受制於複雜的國內外情勢，〔註44〕尤其是母族背後強大的部落影響力，遂形成部落各擁領導者的現象，甚至串聯外力以形成更大的勢力團體。所以，在穆帝拓跋猗盧之後，形成平文帝拓跋鬱律與桓帝拓跋猗㐌兩系相爭的局面，拓跋猗㐌系的煬帝拓跋紇那結合宇文部與慕容部，拓跋鬱律系的烈帝拓跋翳槐結合賀蘭部與石虎，直到昭成帝拓跋什翼犍以後才又回歸統一局面。〔註45〕對於如此內爭局面的出現，可以說凝聚新政治認同意識之不易，尤其是對君主的認同。

內爭的經驗必定讓烈帝拓跋翳槐體驗到穩定繼承者的重要，所以，在臨終之前交代遺言：「必迎立什翼犍，社稷可安。」因此，昭成帝拓跋什翼犍繼兄長烈帝拓跋翳槐而為拓跋君主。拓跋政權內部的統一，即象徵其政權的穩定發展。對拓跋政權而言，拓跋什翼犍時代確實有著新發展：

> 二年（339 年）春，始置百官，分掌眾職。東自濊貊，西及破洛那，莫不款附。夏五月，朝諸大人於參合陂，議欲定都灅源川（恒州南方），連日不決，乃從太后計而止。……三年春，移都於雲中之盛樂宮。〔註46〕

〔註44〕田餘慶，〈代北地區拓跋與烏桓的共生關係〉，指出影響此時發展的力量有烏桓、母族力量以及新人、舊人之爭。

〔註45〕張繼昊，〈由氏至家——婚姻關係與拓跋鬱律一系的崛起〉，收入氏著，《從拓跋到北魏》。對此內爭局面有相當清楚的描述，指出透過傳統婚俗與賀蘭、獨孤與慕容建立密切的婚姻關係，藉此以鞏固權力、發展勢力，使得領導權收縮於拓跋鬱律此一家支之中。

〔註46〕《魏書》卷 1，〈序紀〉，頁 12。

先說「始置百官，分掌眾職」，這是首次明確記錄模仿晉朝體制並考量自身狀況而綜合創出國家行政體系的雛型框架。具體的先例也已存在，拓跋什翼犍即位第一年，便「已命燕鳳為右長史，許謙為郎中令矣。餘官雜號，多同於晉朝」。〔註47〕第二年的「始置百官，分掌眾職」之事，又如〈官氏志〉所言：

> 建國二年，初置左右近侍之職，無常員，或至百數，侍直禁中，傳宣詔命。皆取諸部大人及豪族良家子弟儀貌端嚴，機辯才幹者應選。又置內侍長四人，主顧問，拾遺應對，若今之侍中、散騎常侍也。其諸方雜人來附者，總謂之「烏丸」，各以多少稱酋、庶長，分為南北部，復置二部大人以統攝之。時帝弟觚監北部，子寔君監南部，分民而治，若古之二伯焉。〔註48〕

這部份大概是考量自身狀況而創出的國家行政體系，後來變成為行政體制的基本框架，在此已反映出拓跋政權組織的特色。「近侍之職」就是指其內侍制度，都由其政權核心圈的「諸部大人及豪族良家子弟」所擔任，這也是沿習部落聯盟時代的舊制。對於各方來附的民族、部落等，由南部治理，拓跋本部則由北部治理，這南北兩部的架構，就是拓跋猗盧南向發展後所創設，此時正式加以規制訂定。此外，從「（庾業延）其父及兄和辰，世典畜牧。稍轉中部大人」的事例來看，極可能在拓跋什翼犍時期組織體制的擴充有著相當的發展，不僅止於〈官氏志〉所言設南北兩部而已。所以，概略綜合論之，拓跋政權初期行政體制運作之動能，可說是承繼傳統部落文化而來。

再說定都之事。當「東自濊貊，西及破洛那，莫不款附」之時，代表拓跋政權領導的部落聯盟體系相當龐大，勢力範圍廣佈。拓跋什翼犍招集諸部大人，欲遷都南移至恒州南方的㶟源川，此事之所以「連日不決」，關鍵在於拓跋什翼犍議欲「築城郭，起宮室」，恐怕引起政權轉型的憂慮。皇太后提出反對：

> 國自上世，遷徙為業。今世難之後，基業未固。若城郭而居，一旦寇來，難卒遷動。〔註49〕

皇太后主張「遷徙為業」，所以才會有三年「移都於雲中之盛樂宮」，不僅未向南遷都，反而更向北遷都回到當初始祖拓跋力微的都城。若更往南遷移至

〔註47〕《魏書》卷113，〈官氏志〉，頁2971。
〔註48〕《魏書》卷113，〈官氏志〉，頁2971～2。
〔註49〕《魏書》卷13，〈皇后列傳‧平文皇后王氏傳〉，頁323。

灅源川，就是意味著生活型態更趨近於農業式生活。所以，此更往北遷都之舉的意義在於，雖然拓跋政權已經並行部份漢人體制，但生活型態仍堅持維持遷徙游牧的傳統。此一生活型態的回歸傳統，可能主要是受政權領導階層們的影響。〔註 50〕或因此的重要決定，所以才會有五年開始舉辦「秋七月七日，諸部畢集，設壇埒，講武馳射，因以爲常」。這等於是游牧民族的宴會式訓練。以其騎射的生活經驗爲交流的平台，藉此儀式性活動不僅傳承了部落文化，更重要者，整合、維繫部落對領導政權的認同。其中，「設壇埒」更代表拓跋部以祭祀來標誌其法統地位，彙整政治、宗教與軍事諸因素於一儀式，發揮的整合性功能必定相當強。可以視爲拓跋政權此階段維繫認同的最有效、最具體方式。

這個時期的拓跋政權，憑藉著強大的軍事武力拓地四境，已經控有一定的國境空間。因此，拓跋什翼犍遂有巡視國境的動作產生，代表此時拓跋政權不僅已有行政組織體制、政治領導中心，而且，確實統治有一定的空間範圍，已然具備帝國體制的雛形。但是，就其當時的歷史發展事實觀察之，能夠創造、支撐出如此的政治社會規模，實奠基於傳統游牧部落的掠奪式戰爭。略舉實例如下：

> 二十六年冬十月，帝討高車，大破之，獲萬口，馬牛羊百餘萬頭。
>
> 二十七年……冬十一月，討沒歌部，破之，獲牛馬羊數百萬頭。
>
> 三十年冬十月，帝征衛辰。……衛辰與宗族西走，收其部落而還，俘獲生口及馬牛羊數十萬頭。
>
> 三十一年春，帝至自西伐，班賞各有差。
>
> 三十三年冬十一月，征高車，大破之。

很顯然地，這些戰爭的主要目的在於掠奪經濟物資，這是游牧部落傳統的重要生存技能。執行這些戰爭的主角，當然是其政權基礎的游牧部落民，由此來看，這是以其傳統文化爲基礎而採取的擴張方式、立國方式。如此，不僅其部落聯盟體得以延續發展，且可在過程中維持其部落族人的重要核心地位。所以，綜合來看，這樣的發展形態是其生活條件與戰鬥條件合一的充分發揮。自然地，如此的經營方法可以維繫部落族人的高度認同。

〔註 50〕田餘慶對此事的解讀，強調是受制於烏桓的因素，見於〈代北地區拓跋與烏桓的共生關係〉。

　　然而，當時北方游牧世界的廣大範圍裡依舊競爭激烈，拓跋什翼犍和慕容氏、劉衛辰、高車、苻堅等打交道或是競爭、衝突。在游牧世界的競爭裡，強大者往往兼併鄰近的政權。三十九年（376 年），苻堅的大軍侵逼使得拓跋政權再度中衰，造成「國眾離散」，拓跋政權一度滅亡，局勢由「劉庫仁、劉衛辰分攝國事」。

三、學習帝國體制階段

　　帝國體制時期，是指拓跋珪以後逐步邁向建構帝國式體制的發展。首先，必須了解政權再度重組的基礎。昭成帝拓跋什翼犍三十九年（376 年）至太祖拓跋珪建元登國元年（386 年）的十年時間，是拓跋政權短暫被前秦瓦解的階段。待至登國元年（386 年）又能迅速恢復建國，其中關鍵應是舊有的政權組織架構仍然存在，以前的舊臣與部落大人勢力的支持而有以致之。〔註51〕這些在《魏書》簡略的記載中可以發現，如「（苻）堅使劉庫仁、劉衛辰分攝國事。南部大人長孫嵩及元他等，盡將故民南依庫仁，帝於是轉幸獨孤部」，很顯然是跟隨舊部落勢力而投靠。後來的情況也是如此，如「九年，庫仁子顯殺眷而代之，乃將謀逆。……帝乃陰結舊臣長孫犍、元他等。秋八月，乃幸賀蘭部」。所以，這樣的發展脈絡在太祖正式即位重建拓跋政權時，仍然清楚可見：

> 登國元年（386 年）春正月戊申，帝即代王位，郊天，建元，
> 大會於牛川（內蒙古呼和浩特市東南）。復以長孫嵩為南部大人，以
> 叔孫普洛為北部大人。班爵敘勳，各有差。〔註52〕

拓跋珪所繼承標舉的是穆帝拓跋猗盧當初得到晉封的「代王」，當時是三部併為一部，拓地四境已有穩定的統治區域以及南北兩部的立國策略，又拓展勢力南下中原區域遂得到「代王」之封。所以，此時「大會於牛川」，顯然是要召聚原有統屬的部落勢力於拓跋政權之下。這樣的動作並非創舉，而是延用、依賴舊有部落組織而成，所以，任用「長孫嵩為南部大人」是此時政治思維的具體表徵，希望凝聚部落胡人的認同與勢力。

　　拓跋珪在這短暫時間內重建政權，除了繼承舊有部落文化之外，事實上，

〔註51〕張繼昊，〈拓跋珪的崛起與北魏王朝的肇建〉，收入氏著，《從拓跋到北魏》，頁246指出拓跋珪當時依靠的核心勢力包括：拓跋宗族（長孫氏、叔孫氏）、姻族（王建家族）與鄰近部落領袖（和跋、庾岳）等。
〔註52〕《魏書》卷2，〈太祖紀〉，頁20。

尚有被忽略的重大改創：

> （登國元年）夏四月，改稱魏王。五月，車駕東幸陵石。護佛
> 侯部帥侯辰、乙弗部帥代題叛走。諸將追之，帝曰：「侯辰等世修職
> 役，雖有小愆，宜且忍之。當今草創，人情未一，愚近者固應趑趄，
> 不足追也。」〔註53〕

上述的「即代王位，郊天，建元」只是重建舊有的拓跋政權，但是，此時的「改稱魏王」有著政權實質改變的意義存在。因爲，如谷川道雄所言，「代王」爵位是因西晉王朝衰弱而在外部出現的，所以，此一封號的意義終究仍是從屬於西晉王朝。〔註54〕後來，皇始元年（396 年）崔玄伯參與博議國號時所言，彰顯出意義：

> 國家雖統北方廣漠之土，逮于陛下，應運龍飛，雖曰舊邦，受
> 命惟新，是以登國之初，改代曰魏。又慕容永亦奉進魏土。夫『魏』
> 者大名，神州之上國，斯乃革命之徵驗，利見之玄符也。〔註55〕

當初這場「改代曰魏」的變革，意義在於將曾經一度亡國的拓跋政權的正統地位重建起來，故強調其「雖曰舊邦，受命惟新」，有著深刻的現實政治義涵。不僅希望再成爲各方部落的政治認同中心，也要在國際上宣示、謀求統治的地位。〔註56〕但是，這樣改除舊有具備多重義涵的「代」，使得部份臣屬的部落如護佛侯部與乙弗部等叛走。這樣的政治困境，也反映在當時遭受叔父拓跋窟咄對其繼承權的挑戰。克服拓跋窟咄事件之後，長期保持微妙平衡關係的慕容垂「奉帝西單于印綬，封上谷王」，這樣的矮化措施自然被拓跋珪所拒絕了。

接下來的八年時間（387～394 年），拓跋珪以軍事武力四處征討，主要是消除敵對部落以及掠奪其資財，由此達到擴充政權的勢力範圍與穩固。關鍵的一役是登國十年（395 年）的參合陂之役，擊垮宿敵慕容氏的主要勢力，接收到大量的軍資武器以及官僚群。此戰的勝利確立了拓跋政權在中原區的地

〔註53〕《魏書》卷 2，〈太祖紀〉，頁 20～21。

〔註54〕谷川道雄，〈五胡十六國、北周的天王稱號〉，收入氏著，《隋唐帝國形成史論》（上海：上海古籍出版社，2004 年 10 月第 1 版），頁 240。

〔註55〕《魏書》卷 24，〈崔玄伯傳〉，頁 621。

〔註56〕田餘慶，《《代歌》、《代記》和北魏國史》，收入氏著，《拓跋史探》（北京：三聯書店，2003 年 3 月北京第 1 版），從當時國際形勢剖析，認爲拓跋珪匆忙改稱魏王，如頁 234 所載：「意在表示代地魏地都應當由他統轄，既警告慕容永，也警告拓跋窟咄，不許插足其間，不得侵犯代北。」

位，使其勢力更進一步深入傳統山東的漢人精華區。待慕容垂的死訊傳出：

> 皇始元年（396 年）……秋七月，左司馬許謙上書勸進尊號，
> 帝始建天子旌旗，出入警蹕，於是改元。……（九月）初建臺省，
> 置百官，封拜公侯、將軍、刺史、太守，尚書郎已下悉用文人。帝
> 初拓中原，留心慰納，諸士大夫詣軍門者，無少長，皆引入賜見，
> 存問周悉，人得自盡，苟有微能，咸蒙敘用。〔註57〕

「帝始建天子旌旗」的重大意義在於，拓跋政權從部落式政權轉換為中原世
界的帝國式政權，宣告統治對象包括胡人與漢人。此時，已無可與拓跋珪競
爭的對手，所以，自此正式稱皇帝，遂改元為「皇始」。這樣稱帝改元的政治
意義，主要是針對中原區域漢人世界的，向其宣告自己成為中原的新天子。
當然，政權中央新政治威權符號的宣示，一時難以將其影響力滲透進入漢人
的日常生活裡。所以，最直接有效的方式，就是透過行政架構大量吸收漢人
士大夫進入官僚體系。「初拓中原」的拓跋珪願意「留心慰納」，這個動作對
於漢人士大夫而言，應是值得肯定的。當時最重要的考量，應該是吸收慕容
氏政權下舊有的官僚人才，將其納入拓跋政權的新體制中，因為，他們的背
後往往代表著相當的社會勢力。所以，這個「咸蒙敘用」的動作，重要意義
在於北魏拓跋政治力對漢人社會的禮遇尊重。

待至皇始二年（397 年），山東區域的信都、鄴與中山三大主城一一掃平，
大體已經初步掌控中原的情勢。為了確實控制中原區域的情勢，除了留駐精銳部
隊於行臺所設的鄴、中山與河口等三地以外，更為完整的軍事統治部署情況是：

> 自太祖平中山，多置軍府，以相威攝。凡有八軍，軍各配兵五
> 千……自中原稍定，八軍之兵，漸割南戍，一軍兵纔千餘。〔註58〕

並且開建直道「自望都鐵關鑿恒嶺至代五百餘里」，以便於中央派遣精銳部隊
到達弭平亂事。此外，山東地區畢竟是傳統中原社會勢力雄厚的地區，所以
利用開通的直道在天興元年（398 年）拓跋政權做了兩次非常大規模的強制遷
徙：〔註59〕

〔註57〕 《魏書》卷2，〈太祖紀〉，頁27～28。

〔註58〕 《魏書》卷58，〈楊播傳〉，頁1287。

〔註59〕 事實上，拓跋政權多以征戰與強制徙民的方式來快速達成直接統治，不僅對
漢民如此，對各方少數民族亦是如此，尤其在政權初期階段的次數頗為頻繁。
參閱前田正名，《平城歷史地理學研究》（北京：書目文獻出版社，1994 年 12
月第 1 版），第二章〈居民結構〉。

　　（正月）徙山東六州民吏及徒何、高麗雜夷三十六萬，百工伎
巧十萬餘口，以充京師。〔註60〕

　　（十二月）徙六州二十二郡守宰、豪傑、吏民二千家於代都。
〔註61〕

當然，這樣大規模性強制遷徙有著多重目標，不但充實發展中央畿內區，更重
要是得以直接掌控「山東六州」的強大社會勢力為主。此舉反映出拓跋政權的
政治焦慮，尚不能銜接於中原區域的社會基礎，當然難以得到漢人的認同了。

　　上述激烈遷民的統治舉動，造成了各方勢力的反彈。包括：正月博陵、
勃海、章武群盜並起；廣川太守賀盧殺冀州刺史王輔，驅勒守兵，抄掠陽平、
頓丘諸郡。三月，離石胡帥呼延鐵、西河胡帥張崇等聚黨數千人叛。漁陽群
盜庫傉官韜聚眾反。九月，烏丸張驤子超，收合亡命，聚眾三千餘家，聚勃
海之南皮，抄掠諸郡。天興二年四月，前清河太守傅世聚黨千餘家。八月范
陽人盧溥，聚眾海濱，攻略郡縣，殺幽州刺史封沓干。

　　綜合觀之，山東地區的群盜、地方首長、大族人物、民眾與烏丸民族等
的普遍反叛，應該主要是拓跋政權的強制遷民所造成。但，也彰顯出各方勢
力對拓跋政權的不認同。至於西南區域離石胡、西河胡的反叛，又彰顯出北
魏拓跋政權國力難以兼顧廣大地域上的統治穩定，所以邊區民族也乘勢反
叛。這樣複雜的基層社會情勢，不僅使得政治認同難以落實，而且北魏拓跋
政權將來必須持續面對、處理這些地方勢力。

　　雖然各地反叛勢力持續出現，但北魏學習帝國體制的諸項建制也持續進行：

　　（天興元年四月）帝祠天於西郊，麾幟有加焉。〔註62〕

　　（天興元年）秋七月，遷都平城，始營宮室，建宗廟，立社
稷。……八月，詔有司正封畿，制郊甸，端徑術，標道里，平五權，
較五量，定五度。……十有一月辛亥，詔尚書吏部郎中鄧淵典官制，
立爵品，定律呂，協音樂；儀曹郎中董謐撰郊廟、社稷、朝覲、饗
宴之儀；三公郎中王德定律令，申科禁；太史令晁崇造渾儀，考天
象；吏部尚書崔玄伯總而裁之。〔註63〕

〔註60〕《魏書》卷2，〈太祖紀〉，頁32。
〔註61〕《魏書》卷2，〈太祖紀〉，頁34。
〔註62〕《魏書》卷2，〈太祖紀〉，頁32。
〔註63〕《魏書》卷2，〈太祖紀〉，頁33。

（天興）二年春正月甲子，初祠上帝于南郊，以始祖神元皇帝
配，降壇視燎，成禮而反。〔註64〕

從「遷都平城」以下到「崔玄伯總而裁之」，可見到新都平城以後，就帝國的
硬體、制度等層面是實行漢式的帝國體制，〔註65〕且由漢人士大夫鄧淵、崔
玄伯等籌劃而成。除此諸項措施以外，還有陸續執行設五經博士、撰眾儀、
循州郡觀風俗、帝耕籍田、祠帝堯帝舜等等，皆是因循漢式帝國體制脈絡而
來。但是，「祠天於西郊」與「祠上帝于南郊」的並行非常值得注意。因為西
郊是傳統部落之習，〔註66〕南郊是漢式帝國之傳統，〔註67〕所以，兩者的並
行反映出拓跋政權初立中原的基本處境，無論其部落群眾帶來的軍事武力多
強大，終究要面對相當大的文化壓力，即必須兼顧胡、漢民族的傳統文化及
其所衍生的複雜問題。

北魏拓跋政權如此的基本處境，事實上必須面對極其複雜的問題。如就
對人群的統治整合問題，也投射反應出總體問題的部份層面。在政經社會環
境轉變過程中，首先必須持續得到政權基礎部落社會的支持，所以，要有相
應的處理措施以維繫他們的認同。其次要將漢人社會的各式資源力量統整吸
收於北魏帝國的體系，也要有可行的政策施行。但，現實環境的演變過程中，
政治社會各領域的力量必是互有角力、爭先或對抗的，尤其是胡、漢兩大民
族間的複雜互動關係。這就是北魏帝國的歷史實況，也是北魏政治社會體發
展的環境條件。北魏拓跋政權初期透過帝國體制的建構，試圖解決這些大問
題，官僚體制的創制過程反映出這樣的歷史的特質：

（天賜元年404年）秋九月，帝臨昭陽殿，分置眾職，引朝臣

〔註64〕 《魏書》卷2，〈太祖紀〉，頁34。
〔註65〕 樓勁，〈《周禮》與北魏開國建制〉，《唐研究》第13期（2007年）。
〔註66〕 西郊祭典相當完整記錄於《魏書》卷108-1，〈禮志一〉，頁2736：「天賜二年
（405年）夏四月，復祀天于西郊，為方壇一，置木主七於上。……祭之日，
帝御大駕，百官及賓國諸部大人畢從至郊所。帝立青門內近南壇西，內朝臣
皆位於帝北，外朝臣及大人咸位於青門之外，后率六宮從黑門入，列於青門
內近北，並西面。廩犧令掌牲，陳於壇前。女巫執鼓，立於陛之東，西面。
選帝之十族子弟七人執酒，在巫南，西面北上。女巫升壇，搖鼓。帝拜，后
肅拜，百官內外盡拜。祀訖，復拜。拜訖，乃殺牲。執酒七人西向，以酒灑
天神主，復拜，如此者七。禮畢而返。自是之後，歲一祭。」
〔註67〕 於都城南郊祭天在漢代已經確立，見於：考古研究所漢城發掘隊，〈漢長安城
南郊禮制建築遺址發掘簡報〉，《考古》1960年第7期；黃展岳，〈漢長安城南
郊禮制建築的位置及其有關問題〉，《考古》1960年第9期。

　　文武，親自簡擇，量能敘用；制爵四等，曰「王、公、侯、子」，除伯、男之號；追錄舊臣，加以封爵，各有差。……十有一月，上幸西宮，大選朝臣，令各辨宗黨，保舉才行，諸部子孫失業賜爵者二千餘人。〔註68〕

官僚體制的建立與運行，是帝國體制得以成立的最重要構成條件。在帝國初期尚未出現對漢人社會大規模的整合，但拓跋珪親自「分置眾職，引朝臣文武，親自簡擇，量能敘用」，顯示出對部落社會整合的高度重視。從初步處理結果來看，應該是頗令部落民失望的，所以經過檢選之後仍有諸部落子孫二千餘人並未進入官僚體系，以致只能將失業者給予榮譽性賜爵。這個局面的形成，當然是受制於統治中心決策的結果，但是，可以合理推測是昔日部落成員條件難以符合帝國體制運作之需求，或者是核心成員數量過於龐大，還有可能是刻意排除其他民族的部落成員等。因此，就北魏拓跋政權在創建帝國體制與官僚體制過程中，已呈現出舊有部落群體遭遇的挫折與政權整合內部所產生的困境。

　　北魏拓跋政權創建至此，本文討論的層面有限。若就各種新體制新政策的角度來看，例如太祖時期八部胡制與尚書漢制的並行，可謂北魏是混合胡、漢因素的政權。然而，政治社會體畢竟複雜多面貌，若著重統治手段的特色、性格，Karl A. Wittfogel 遂認為北魏以半和平的滲透方式而獲得政權，命之為「滲透王朝」，〔註69〕江上波夫與鄭欽仁亦持此觀點。〔註70〕即使順此脈絡觀察，仍須考量到拓跋政權不同時期的變化，即拓跋珪開國階段可說類似於「征

〔註68〕《魏書》卷2，〈太祖紀〉，頁41～42。

〔註69〕 Karl A. Wittfogel 著，蘇國良等譯，〈中國遼代社會史總述〉，收入鄭欽仁、李明仁編譯，《征服王朝論文集》（台北：稻鄉出版社，2002年8月再版）。Karl A. Wittfogel 根據社會文化型態做區分，將中國二千年歷史分為兩大類：一是典型的中國朝代，包括秦漢、隋唐、宋、明；二是異民族征服朝代，又分為征服王朝（包括遼、金、元、清）與滲透王朝（包括五胡十六國、北魏、北齊、北周）。對於征服王朝與滲透王朝的區別，在頁32說明：「兩種朝代型式的界線是流動的，但有一種重要之差別存在。半和平式的滲透最後可以達成征服的目標，但無論如何這兩種達到權力的方式是不同的。『五胡十六國』的歷史可作為兩種方式的顯著例證。兩種方式最後都造成複雜的二元性社會。前、後趙的滲透王朝與以後的征服王朝的制度和文化型態，並無多大區別。對拓跋魏政權和傳統的動力作一個詳細研究後，可發現一個同樣的趨向（Convergence）。」

〔註70〕 江上波夫著，張承志譯，《騎馬民族國家》（北京：光明日報，1988年第1版）。鄭欽仁、李明仁編譯，《征服王朝論文集》，〈序言〉，頁2。

服王朝」，但至高祖孝文帝時則已轉型爲完全漢化的帝國政權。〔註71〕晚近，
尚有強調胡族因素的影響層面，遂有朴漢濟的「胡漢體制論」〔註72〕與松下
憲一的「胡族體制論」，〔註73〕各家仍各有著重的層面。

現實上胡、漢力量應是複雜並存，始終作用於政治社會體的塑造，且各
有前進的組織原理，重要的是，彼此如何交匯、互動而形成此一新政權。此
一時代課題，是胡族統治階層與漢族社會的絕大挑戰。

第二節　國家發展方針的確立

一、盟主與部落大人的建國構想

如前節所述，早在始祖拓跋力微遂行和親外交的立國政策過程中，便已
開始呈現出盟主與諸部大人對於政權發展理念高度落差的情形。北魏統治階
層內部產生建國構想不一致的現象，長期以來都被忽略探討，可是其所產生
的力量深深影響著北魏的發展且持續存在著。因此，須立此節來了解北魏拓
跋政權創建過程中存在的重大問題。

當至拓跋力微三十九年（258年）之時，經過在長川時期的努力經營，終
於召回舊有部落聯盟的勢力，所以，此時遷徙至盛樂以謀求新形勢的發展。
身任部落聯盟盟主的拓跋力微向諸部落大人公開宣示：

>　　　我歷觀前世匈奴、蹋頓之徒，苟貪財利，抄掠邊民，雖有所得，
>
>　　而其死傷不足相補，更招寇讎，百姓塗炭，非長計也。〔註74〕

拓跋力微所論「抄掠邊民」就是掠奪漢人邊境區域，這是在氣候、生存環境
等限制條件下所發展出來的，這也是其部落社會傳統的重要發展方式之一。
拓跋力微之優秀，正在於能突破自身部落文化體系之限制，提出能長遠發展

〔註71〕此一著眼於不同時期變化而提出的觀察，是雷家驥師於討論論文時給予的啓
　　　　示。筆者進一步思之，孝文帝漢化改革的實施範圍，應未包括北方邊區所轄
　　　　而未解散的部落社會。所以，事實上孝文帝推動漢化改革以後，就其全境而
　　　　言，應該整體仍是維持二元統治的格局，只是後人多將歷史焦點集中於漢化
　　　　改革後政治社會體的剖析。

〔註72〕朴漢濟，〈北魏王朝與胡漢體制〉，收入東洋史學會編，《中國史研究的成果與
　　　　展望》（北京：中國社會科學出版社，1991年6月第1版）。

〔註73〕松下憲一，《北魏胡族体制論》（北海道：北海道大學出版会，2007年3月30
　　　　日第1刷）。

〔註74〕《魏書》卷1，〈序紀〉，頁3。

的新觀點。他的策略就是與中原漢人世界交往連繫，不再進行掠奪式的戰爭關係，因此，開始派遣文帝拓跋沙漠汗前往進行和親、互市等外交工作。

拓跋力微如此的立國政策，後來是依靠拓跋沙漠汗持續推動達十餘年，但仍不能獲得諸部落大人的認同。他們在一次迎接拓跋沙漠汗的機會裡，籌劃推翻如此的國政方針，提出的觀點是「太子風彩被服，同於南夏，兼奇術絕世，若繼國統，變易舊俗，吾等必不得志，不若在國諸子，習本淳樸」。很顯然地，關鍵在於「變易舊俗」一事，代表部落大人不希望變更原有之部落文化。由此細微處觀之，拓跋政權內部盟主與大人之間對國政基本方向的認知已出現分歧。所以產生不同，表面看的原因就是領導者開始思考國家社會整體的後續發展方向，而諸部大人始終立於部落層次的利益來考量事務，並未就部落聯盟之外更大群體的利益來做考量。因此，我們可以說拓跋政權內產生盟主與大人對國政構想之不同，更根本原因在於對自身部落文化的認知與未來的定位有不同見解。

可以相信一事，拓跋力微必定對自身部落文化的認知與未來的定位問題作過深思，遂能考量在部落聯盟的新發展形勢下，突破性地提出新的國政方針。所以，拓跋政權內部政治認同分歧的現象，不僅是指出盟主與大人對政策方向認知的落差，更是指出政權立基之傳統文化體系已面臨到挑戰，且是來自內部的自發性挑戰。

綜觀北魏政權勢力擴張的過程，終究是逐步往南方中原區域拓展，就如拓跋力微所先行指出的立國方向。這樣的發展趨勢指出的實質問題，就是拓跋政權終就必須面對胡、漢兩大文化體系接觸、調適的問題。在政治層面上可以觀察到這樣的發展趨勢，具體的事例如平文帝拓跋鬱律曾在晉愍帝受害之時，曾提出「今中原無主，天其資我乎」？所以，他也曾經「治兵講武，有平南夏之意」。由此凸顯出，立於拓跋政權統治者的立場，所擬想的國政發展方向終究是往中原區域前進。

接下來，歷經政權分裂再回統一局面的昭成帝拓跋什翼犍時期，勢力更為擴張，國力更為強大。相較之下，中原的政權正是衰落之際，又提供拓跋政權一次南下拓展的良機，所以拓跋什翼犍說：

> 「石胡衰滅，冉閔肆禍，中州紛梗，莫有匡救，吾將親率六軍，廓定四海。」乃敕諸部，各率所統，以俟大期。諸大人諫曰：「今中州大亂，誠宜進取，如聞豪強並起，不可一舉而定，若或留連，經

歷歲稔，恐無永逸之利，或有虧損之憂。」帝乃止。〔註75〕

很顯然的，拓跋什翼犍與諸部大人間存在著基本國策理念的重大落差。他所說「中州紛梗，莫有匡救，吾將親率六軍，廓定四海」的政治理念，如同後來燕鳳出使苻堅時所說，指他是「經略高遠，一時之雄主，常有并吞天下之志」。〔註76〕所以，拓跋政權勢力的擴張已使其領導者欲脫離游牧世界而一統天下了。但是，就部落大人的立場而言，仍本持游牧文化的基本立場形成其思維與意識。他們即使擴張掠奪征戰，在不要離開游牧生活圈及本身戰力所及的前提下，所關注者自然僅在於戰爭勝利予否，有無獲得豐厚的資財等。所以，對於進軍中原之舉才會提出「如聞豪強並起，不可一舉而定，若或留連，經歷歲稔，恐無永逸之利，或有虧損之憂」的高度質疑，遂不認同拓跋什翼犍「廓定四海」背後宏大的建國理念。但此時部落大人掌控著部落的軍事武力，也是拓跋政權的軍事基礎，所以，拓跋什翼犍不得不作罷。

因此，由主導北魏拓跋政權發展的統治階層間互動關係來看，的確一直呈現對立國體制與發展方向的歧見。於理而言，一個正強勢成長的政治體內部滋生重大的歧見，導致不能集中力量於擴張政權的勢力範圍，是極不利於該政治體的經營發展。所以，早在拓跋政權正式立國建號以前，關於建國構想便存在著無法協同一致的深度困境。

當拓跋珪積極南下進攻中山之時，統治階層間建國構想的差異現象再度上演：

時（皇始二年397年）大疫，人馬牛多死。帝問疫於諸將，對曰：「在者纔十四五。」是時中山猶拒守，而饑疫並臻，群下咸思還北。帝知其意，因謂之曰：「斯固天命，將若之何！四海之人，皆可與為國，在吾所以撫之耳，何恤乎無民！」群臣乃不敢復言。〔註77〕

當胡族將領因戰事困頓不前之時，藉勢表達想「還北」，但他們卻忽略也未認清拓跋珪建國的堅定信念。拓跋珪所言「四海之人，皆可與為國，在吾所以撫之耳，何恤乎無民」，已明確表達出他從北方游牧世界走出，欲與「四海」融合在一起的強烈企圖心。也就是說，在拓跋珪的政治理念裡，要突破、超越原有部落民認同的空間、民族與文化的界線。

〔註75〕《魏書》卷1，〈序紀〉，頁13。
〔註76〕《魏書》卷24，〈燕鳳傳〉，頁609。
〔註77〕《魏書》卷2，〈太祖紀〉，頁30。

　　除了立國大政方針之外，在征戰中原區域的過程中採取的策略，也表現出拓跋君主與諸大人間的不同。標誌著拓跋政權勢力進入中原的關鍵戰役為參合陂之役，當時身為大人的王建參與此役，正當打敗敵國慕容寶之際：

> 太祖乘勝將席卷南夏，於是簡擇俘眾，有才能者留之，其餘欲悉給衣糧遣歸，令中州之民咸知恩德。乃召群臣議之。建曰：「慕容寶覆敗於此，國內虛空，圖之為易。今獲而歸之，無乃不可乎？且縱敵生患，不如殺之。」太祖謂諸將曰：「若從建言，吾恐後南人創義，絕其向化之心，非伐罪弔民之義。」諸將咸以建言為然，建又固執，乃坑之。太祖既而悔焉。〔註78〕

很顯然地，拓跋珪在戰場策略的採行上，主要的考量在於使「咸知恩德」，進而未來收其向化之心，即採行德治主義以建立起慕容氏所轄民眾與更多漢人對其政權的認同。相較之下，王建等部落諸將仍堅持於部落傳統的掠奪式戰爭思維，遂主張傳統之征服主義而並未考量到中原漢人與其政權間未來長遠的互動關係。後來事實證明，拓跋珪之所慮是切合中原漢人的民心。

　　綜合北魏拓跋政權初期政治的發展來看，雖然終究是逐步擴張南下中原，也倚靠部落傳統的武力為後盾基礎，但在政治運行的過程中，拓跋君主與部落大人間總對國家發展方針存在著不同意見，也可說是部分政治認同不一致。因此，從民族外觀所見的北魏拓跋政權似乎是強大的游牧部落式政權，全體一致團結，但部落大人群的潛在深厚勢力總是影響著北魏拓跋政權的發展方向。

二、國號訂定的爭執

　　任何一個政權得以建立起來，通常具備有：領導者、官僚行政體系、統治區域、民眾與軍隊等外在有形條件，待統治日久之後，統治階層與被統治階層利益漸趨於一致，也逐漸形成生活共同體，官與民遂能產生對政權之認同。但是，在這個看似自然形成認同的過程中，總有各方力量的爭論、主觀意志的實踐等影響認同的形成。因此，從這個認同層面來觀察政權之定位，是更為重要且具有實質意義，因為，由此表現出一個政權下存在著多樣的政治社會圖像。拓跋政權雖然是外表上創立了帝國體制，但是，在對這個政權尋求定位上卻是漫長而充滿糾葛的，從魏初的討論到中末期的爭議都始終存

〔註78〕　《魏書》卷30，〈王建傳〉，頁710。

在著，正反映出拓跋政權形塑共同性認同的困難。

國家發展方針一事，事實上可以從很多層面來加以探討，是一涵蓋性極廣的議題。本文在此試從國號的訂定一事來討論，因為，此事在北魏歷史發展過程中至關重要，由此可彰顯出北魏拓跋政權發展過程中的重要面向。

國號確立一事，此事起源於皇始元年（396年）南方的晉安帝司馬德宗遣使來朝，依例拓跋政權必須回報之。〔註79〕因此事讓拓跋珪思考的不僅在外交層面上確立國家的稱號，更重要者在於凝聚朝臣對政權定位的共識。因此，天興元年（398年）召開國號的討論會議：

> 群臣曰：「昔周秦以前，世居所生之土，有國有家，及王天下，即承為號。自漢以來，罷侯置守，時無世繼，其應運而起者，皆不由尺土之資。今國家萬世相承，啟基雲代。臣等以為若取長遠，應以『代』為號。」詔曰：「昔朕遠祖，總御幽都，控制遐國，雖踐王位，未定九州。逮于朕躬，處百代之季，天下分裂，諸華之主。民俗雖殊，撫之在德，故躬率六軍，掃平中土，凶逆蕩除，遐邇率服。宜仍先號，以為『魏』焉。布告天下，咸知朕意。」〔註80〕

原來，拓跋珪在登國元年（386年）所即之「代王」位，素有其歷史意義。事起於拓跋猗盧三年，晉并州刺史劉琨乞師於拓跋猗盧，故劉琨得以保全。因此，晉懷帝封其為「大單于·代公」。此封號如同視拓跋部為西晉的周邊藩屬國，但就拓跋猗盧當時統一三部並再向南邊擴展勢力，儼然如同當時的劉聰、石勒一樣擁有一方之霸的勢力。因此，西晉為拉攏拓跋部，故晉愍帝進一步封拓跋猗盧為「代王」，可以自置官署，並封以代、常山二郡。事實上，這不僅是西晉滅亡前對拓跋猗盧現況的承認，也代表「代王」拓跋猗盧已被承認是這個空間地域的統治者。

這個「代公」與「代王」的封號，就西晉的立場應有二個層面的意義。一個是指拓跋部落是「代」區域的代表者、統治者，這個觀點也是符合拓跋部落民對「啟基雲代」的深刻情感。所以，他們自然會提出「應以『代』為號」的論述。另一個層面的意義，是指拓跋部落僅是一地方諸侯的地位。這層壓低拓跋主政治地位的意義，早在登國元年（386年）元月拓跋珪即「代王」

〔註79〕《魏書》卷24，〈崔玄伯傳〉，頁620文載：「時司馬德宗遣使來朝，太祖將報之，詔有司博議國號。」

〔註80〕《魏書》卷2，〈太祖紀〉，頁32～33。

位之際,即予以推翻。當時舉行郊天、建元及大會諸部落於牛川等象徵繼承部落聯盟大統之儀式以外,才過了三個月,就在這年四月「改稱魏王」。「魏」,代表的政治意義是統治中原的國號。因此,代表拓跋珪不以身任部落聯盟盟主為滿足,他要以統治中原為其國政方針。如此的更改領導者稱號,實際上就是更改國號。拓跋珪如此的決定,其中必定存在著一番想法,可從歷史經驗試加以論證。

自部落聯盟主拓跋猗盧被西晉封為「代王」後,展現積極參與競爭中原的態勢,故「忿聰、勒之亂,志欲平之」。至拓跋鬱律之時,晉愍帝為劉曜所害,他對部落大人表達其政治意向的談話,他說:「今中原無主,天其資我乎?」頗有以中原新主自許的氣魄與決心。因此,對於劉曜、石勒的請和,皆予以拒絕。即使東晉元帝司馬叡遣使加崇爵服,亦加以拒絕,甚至「治兵講武,有平南夏之意」。從拓跋猗盧到拓跋鬱律的發展,南進中原的基本國政方針可說儼然成形。直到拓跋什翼犍即位以後,又重新統合拓跋部落聯盟的勢力,對於擴張自身勢力最佳的中原地區再度展現出強烈的企圖心。他想乘「中州紛梗」之時,「親率六軍,廓定四海」。

對於長期掌控幽北地區並從事牧業的拓跋政權而言,隨著與中原邊界多年的接觸經驗後,逐漸摸索出更好、更有利的發展方針:進入中原地區發展。因此,在歷經數位領導盟主的嘗試之後,大致已在長期歷史經驗的累積中確立出這項立國大政方針。因此,後來的統治者終究必須面對這個逐漸成型的國政方針問題,並試圖加以解決。

上述天興元年議定國號的場合裡,正是拓跋珪試圖藉著確立國號之時機,對此一歷史性形成的國政方針做出結論性回答。比對「群臣」的議論與拓跋珪的主觀想法,很明顯存在很大的落差。這些「群臣」應該就是創國的部落大人,他們顯示出維持「國家萬世相承」的態度,強調發跡雲代的重要性,即以今天的河北西北部、山西北部與內蒙中部為立國的長遠根基,遂主張以「代」為國號。從部落大人的持論立場觀之,透露出他們欲維持原來的生活型態及其原有部落時代的權益,所以,表達出對鄉土「代」地的強烈認同。

相較之下,拓跋珪則著重繼承歷史性形成的國政方針,積極朝向中原的新世界邁進,不欲停留於原來「代」的基本局面。因此,從開國的登國元年(386 年)拓跋珪即改稱「魏王」,至此(398 年)十二年來,身邊的部落大

人應不致於不了解拓跋珪此一基本政治態度。此時，雖然北魏帝國初創但對國號訂定的問題上，卻呈現出北魏君臣間建國基本構想的不同，頗有令人突兀的感覺。雖如此，但他們仍共同存在於同一政權下而並未決裂，想必彼此間有相當的容忍。或正因如此現況，拓跋珪藉著議定國號的會議想再次凝聚搏成政治上的共識。只是從紀錄來看，君臣之間的重大落差一時之間仍難以化解。

拓跋珪為何在此時提出議定國號？因為，此時平定中山征服慕容寶，算是已成功進入中原地區。拓跋珪所追求的國政基本方針已得到初步的實踐，故對自己的言論顯得信心滿滿。至於對部落大人所擔憂牧、農文化的落差，拓跋珪自信地說「民俗雖殊，撫之在德」。

由此可見，所謂「宜仍先號，以為魏焉」，表示出拓跋珪對於十二年前（386年）將「代王」改稱「魏王」的主張仍是一以貫之。這個「魏」的政治意涵，拓跋珪已經持之十餘年，他希望更多臣民了解他的主觀想法，所以，在詔書中特別明言：「布告天下，咸知朕意。」

先前（396年），漢人大臣崔玄伯參與國號的論議。他的言論也有參考價值，充分表露出國號「魏」的意義：

> 玄伯議曰：「三皇五帝之立號也，或因所生之土，或即封國之名。故虞夏商周始皆諸侯，及聖德既隆，萬國宗戴，稱號隨本，不復更立。唯商人屢徙，改號曰殷，然猶兼行，不廢始基之稱。故《詩》云『殷商之旅』，又云『天命玄鳥，降而生商，宅殷土茫茫。』此其義也。昔漢高祖以漢王定三秦，滅強楚，故遂以漢為號。國家雖統北方廣漠之土，逮于陛下，應運龍飛，雖曰舊邦，受命惟新，是以登國之初，改代曰魏。又慕容永亦奉進魏土。夫『魏』者大名，神州之上國，斯乃革命之徵驗，利見之玄符也。臣愚以為宜號為魏。」太祖從之。於是四方賓王之貢，咸稱大魏矣。〔註81〕

相較於部落大人的言論旨意，崔玄伯所選擇、詮釋的歷史經驗是不相同的。首先，以殷商遷徙之例來說明稱「代」再稱「魏」亦可，於歷史上是有前例可行。又特別標舉漢高祖以漢王定天下而稱漢，而太祖當初也是改稱「魏」而定天下。這些都是很好的歷史經驗，為此時的北魏做了最佳註腳。尤其，崔玄伯對十年前「改代曰魏」的解釋，指出北魏雖然是自「舊邦」即部落政

〔註81〕《魏書》卷24，〈崔玄伯傳〉，頁620～1。

權而來，而此時「受命」之後已成爲一個新國家。況且，當時慕容永所奉進的土地也稱爲「魏土」，顯然得到其對「魏」的承認。因此，「魏」不僅是「神州之上國」的國號，更是「革命之徵驗，利見之玄符」，代表得到新天命的絕佳標誌。

　　由此看來，此時才剛加入北魏的崔玄伯充分了解太祖的政治企圖，並給予了充分的支持。這場博議國號的會議，便在崔玄伯更具說服力的論述支持下，完成了太祖多年前「改稱魏王」的心願，正式將國號定爲「魏」。更重要的意義，在於確立出太祖延續傳統而來所採取「掃平中土」的建國大政方針。

　　在北魏初期確立國號的過程，背後也是在確立太祖領導、執行北魏的建國大政方針。在這個層面，他很清楚代北部落大人與他之間存在著很大的落差。因此在這個現實狀況下，太祖除了基本上承認、接受代北部落大人與他之間的落差之外，仍需試圖努力改變、凝聚他們對國政方針的認知與認同。畢竟，從帝國內部得到政權核心成員的政治認同是最重要的，也是帝國穩定的基本條件。

　　比較崔玄伯與代北部落大人對國號之事的不同回應，是相當有趣的。前面曾言及，從登國元年（386 年）拓跋珪即改稱「魏王」，到 398 年已有十二年的時間，身邊的代北部落大人不應該會不知太祖此一基本政治態度。崔玄伯加入北魏拓跋政權第二年，即對此事積極表示意見並給予支持，展現出完全相反於代北部落大人的政治立場，選擇站在太祖這一邊。我們當然很容易合理推測出原因，意在爭取太祖的信任寵待，試圖擠進北魏的政權核心圈。除了這個表層的權力因素之外，我們還需注意崔玄伯與代北部落大人各自的深沉考量。

　　崔玄伯的背景是中原地區的漢族士人，自然熟悉於中原地區的歷史文化及制度，若太祖帶領北魏帝國進入並立基中原，當然長遠且全面地利於漢人士族的生存發展。相對之下，代北部落大人是陌生於中原地區的歷史文化及制度，將來國家社會的發展軌跡很顯然會逐漸脫離其原來的游牧部落文化，自然而然局面不利於代北部落大人。所以，他們始終不願表態支持太祖的國號提議及其國政方針，實有其難以捨棄的基本文化因素。

　　從這個國號事件的觀察，我們已經可以看到北魏帝國未來深沉長遠的爭執衝突：胡群體與漢群體的差別以及歷史文化與地域空間的差別認同。只要決定建國於中原地區的大政方針不變，這個政治大問題，或說是社會結構問

題，也可說是文化問題，終將與北魏相始終直到能妥善解決，或者因北魏崩解而問題便不存在了。這樣的困境，是北魏帝國尤其是領導的君主所必須面對、解決的大問題。所以，謀求建立政治共識與政治認同的北魏君主，勢必將胡與漢兩大因素做適當考量、安排或是整合，才有可能創建出穩定、和諧的北魏帝國。

在國號的更改訂定背後，顯然存在著深沉的爭執與差別認同。這個國號爭執到世祖時期出現兩者兼用的情形，當時方士祁纖曾經奏改「代」為「萬年」，當時晉升政治高峰至司徒的崔浩回應：

> 「昔太祖道武皇帝，應天受命，開拓洪業，諸所制置，無不循古。以始封代土，後稱為魏，故代、魏兼用，猶彼殷商。國家積德，著在圖史，當享萬億，不待假名以為益也。纖之所聞，皆非正義。」
> 世祖從之。〔註82〕

此時所指的「代」是指國號，當時身任司徒之崔浩應是了解國號的使用情形，他所指出「以始封代土，後稱為魏，故代、魏兼用」的狀況，應是自北魏拓跋政權初建以來的使用狀況。如此的話，代表當初雖然確定國號會議定調為「魏」，但是，在平常使用上仍然接受部落大人所提出「代」的國號。因此，才會出現崔浩所說「代、魏兼用」的情形。由此後來結果推論前因，則崔玄伯就未必如文獻所載主導了國號會議。

北魏國號的使用情況在文獻記載之外，松下憲一則蒐集石刻史料六十餘例來加以分析，透過使用的時期、皇帝在位期間的使用情況、使用地區與使用階層等四項調查結果，他認為：「在北魏社會中『大代』國號仍在普遍用。這一現象的背景在於，在北魏社會中，以始封之『代』作為自己所屬國家的認同觀念仍然起著作用，北魏國民相當普遍、持久地保持著這一認同。」〔註83〕若就其所統計使用者的背景身分來看，包括國家（即指皇帝）4 例、帝室 8 例、官吏 21 例、僧侶 13 例、庶民 16 例與不明 4 例，的確呈現出「大代」國號之使用有著普遍性，這應是一個相當值得肯定的初步研究成果。

我們嘗試對照查證《魏書》全書的記載，並無任何石刻史料上使用「大代」之國號的紀錄，但使用「大魏」國號則總共有 40 例。〔註84〕《魏書》如

〔註82〕《魏書》卷35，〈崔浩傳〉，頁822。
〔註83〕松下憲一，〈北魏胡族體制論〉，《中國中古史研究》第一卷（2011.2），頁282。
〔註84〕根據中央研究院歷史語言研究所漢籍電子文獻系統檢索，網址為 http://hanchi.ihp.sinica.edu.tw/ihpc/hanjiquery?@@1601130204。

此的紀錄現象，應該只是公文書一般使用上的習慣，並無太大政治與文化的意義。但是，也有可能北齊當時在公共議題論述層面上已有使用「大魏」國號的共識，或者，知識文化的詮釋都由漢人所壟斷而有以致之。這些都是未來可以進一步深論者。

　　既然「大代」國號在北魏時期確有使用，上述崔浩所論國號亦是「代、魏兼用」的情形，所以，關於「代」的言論與意識應該仍會存在。以下嘗試勾勒探索此一政治認同意識：

　　　　今國家萬世相承，啓基雲代。臣等以爲若取長遠，應以『代』

　爲號。〔註85〕

這是天興元年398年議定國號時，部落大人提出的基本論點。他們認爲以「代」可以代表國家政治社會的發展，可以以「代」所產生的經驗來代表國政的方向。總之，從「代」的整體立場來看、來了解北魏拓跋政權的發展。待至高祖太和十四年（490年）以後，仍見「代」之影響力與地位：

　　　　所奏先朝成事，亦所具聞。祖宗情專武略，未修文教。朕今仰

　禀聖訓，庶習古道，論時比事，又與先世不同。太尉（元丕）等國

　老，政之所寄，於典記舊式，或所未悉，且可知朕大意。……今且

　以所懷，別問尚書游明根、高閭等，公且可聽之。〔註86〕

這是文明太后逝後高祖回答元丕的一段言論。高祖明確表達：元丕所熟悉的是以武略爲基礎的政務，他是如此形勢下的「政之所寄」，但是，他現在追求的「聖訓」、「古道」已經與先世傳統的政務性質不同，這些是中原傳統的「典記舊式」。高祖所言，明確指出北魏正走上兩種政治形態，他頗有與國老元丕所代表的政治路線分道揚鑣的宣示意味。然後，對照同時間漢臣游明根的觀點：

　　　　（游）明根對曰：「陛下孝俟高宗，慕同大舜，服衰麻以申至

　痛，理萬機以從遺旨，興曠世之廢禮，制一代之高則。臣等伏尋淵

　默不言，則代政將曠，仰順聖慕之心，請從衰服之旨。」〔註87〕

他唯恐高祖過於遵守傳統喪禮規則而耽誤到現行的政務，很重要地，他以「代政」來代表當時的國政。漢人官僚的意見應該是現實狀況的反應，而高祖當時居於君主地位且欲推動新政治路線，所以並未如游明根一樣有著清楚的表露。但是，仔細比較兩者意見的共同處，皆在於浮顯出國家政務可以「代」

〔註85〕《魏書》卷2，〈太祖紀〉，頁32。
〔註86〕《魏書》卷108～3，〈禮志三〉，頁2780。
〔註87〕《魏書》卷108～3，〈禮志三〉，頁2787。

來代表。高祖所言元丕是「政之所寄」，也正式點出元丕是「代」的代表性人物。如此勾勒起來，浮顯出來的景象是：經過90餘年的北魏拓跋政權，「代」意識之強烈已經滲透於各領域及人物，「代政」即是「國政」之代表。此點，透過漢人游明根的平實論議，更具說服力。所以，後來高祖開創洛陽新政時，很自然地說出：

> （高祖）詔曰：「中原始構，須朕營視，在代之事，一委太傅
> （元丕）。」〔註88〕

這番言論背後確有其歷史背景的深度考量。上述「曠世之廢禮」與「一代之高則」蓋是高祖所謂的「典記舊式」，對元丕等代人而言，誠屬「新政」，並非舊有代政故有之內容。於此，正揭露出北魏之政走向兩途，即元丕負責之代政與孝文推動之新政。高祖與「代」意識之一切，漸行漸遠，不願以傳統的「代」來代表此時的北魏政權。高祖企圖與「代」的分離，不正是反證出「代」所代表之政治認同的深刻與強烈。

三、歷史文化的定位

上述所論國號的訂定與使用情形，不僅反映出國政方針的爭執，更重要的是代表著胡、漢民族對自身文化的認同與政治社會定位的競爭，所以，事實上是一頗為複雜的大問題。除此以外，北魏拓跋政權尚需面對歷史文化定位的問題，也就是與過去歷史源流的繼承關係。過去多忽略胡族自身在這方面的經營，事實上，鮮卑雖沒有文字但藉口傳歌謠仍有所著墨：

> 凡樂者樂其所自生，禮不忘其本，掖庭中歌〈眞人代歌〉，上
> 敘祖宗開基所由，下及君臣廢興之跡，凡一百五十章，晨昏歌之，
> 時與絲竹合奏。郊廟宴饗亦用之。〔註89〕

傳唱「祖宗開基」與「君臣廢興」，並融入郊廟宴饗禮儀，不正是塑造政權之歷史定位。雖然，這套延續歷史集體記憶、情感的機制，應是只有在鮮卑胡族群內實施，但不可忽略其重要功能。〔註90〕

〔註88〕《魏書》卷14，〈神元平文諸帝子孫列傳・元丕傳〉，頁360。《北史》卷15，
〈魏諸宗室列傳・元丕傳〉，頁555：「詔在代之事，一委太傅。」

〔註89〕《魏書》卷109，〈樂志〉，頁2828。

〔註90〕田餘慶，〈《代歌》、《代記》和北魏國史〉，收入氏著，《拓跋史探》，多所闡述其重要性，頁225指出：「代歌是拓跋史詩，又是道武帝帝業的輿論工具。同時它也承載了拓跋部人的感情，因而獲得了它在這個時代應有的價值。」

　　然而，畢竟北魏拓跋政權從游牧世界轉進至中原漢人生活的世界，這塊土壤上的漢人素來重視歷史文化傳統，所以，胡、漢雙方必須思考、解決歷史文化銜接的問題。這個歷史文化層面是深厚的精神資產，影響力從古貫穿至未來，牽動著現實生活世界秩序的安排，更影響胡、漢民族對北魏拓跋政權的認同。

　　先從一塊古老的碑文說起：

　　　　桓帝崩後（305 年），（衛）操立碑於大邗城南，以頌功德，云：「魏，軒轅之苗裔。」言桓穆二帝「……奉承晉皇，扞禦邊疆。……」……又云：桓帝「忠於晉室。」〔註91〕

據〈衛操傳〉記載，此碑文於「皇興初（467 年），雍州別駕雁門段榮於大邗掘得」。這個「魏」的稱號應是後來者的篡改，〔註92〕並非 305 年時已有的稱號，因為拓跋珪在登國元年（386 年）才從「代王」改稱「魏王」，所以，當時不可能有「魏」的部落聯盟稱號。但是，即使是後來者的篡改也有其意義可言。先前天興元年（398 年）為了「代」與「魏」國號造成胡、漢雙方的爭執，可能這場爭執是持續延伸的。因此，這塊刻「魏」碑文透露出些許的歷史文化意義，不僅認同北魏新政權，更代表支持、認同北魏拓跋政權朝向中原漢人生活世界的發展方向。

　　至於「軒轅之苗裔」一語，曹仕邦已推論胡族政權為「爭取被統治的漢人歸心」而做的宣傳。〔註93〕其實，北魏時期以中國文化領域的聖王黃帝作為與漢人連接的平台，也可視為當時拓跋胡族的一種文化創造，於當時應有其需求與意義。

　　去除可能偽造與被質疑的部份，衛操在這塊碑文唯獨留下的實情，可能即是「奉承晉皇」與「忠於晉室」。代表當時拓跋政權在歷史序列上，尚未產生與西晉之間有繼承關係，也沒有正統的相承問題，當時只是一個附屬於西晉的諸侯。

〔註91〕《魏書》卷 23，〈衛操傳〉，頁 599～601。

〔註92〕錢大昕，《廿二史考異》，收入氏著，《錢大昕讀書筆記廿九種》（台北：鼎文書局，1979 年 9 月初版），卷 39，頁 723〈衛操傳〉條載：「考其時未有魏號，以文義度之，當云鮮卑拓跋氏也。碑為猗㐌而立，必書晉所授官爵及猗㐌猗盧二人名，篇內稱桓穆二帝，亦史臣所改。」

〔註93〕曹仕邦，〈史稱「五胡源出中國聖王之後」的來源〉，《食貨月刊》第 4 卷第 9 期（1974 年 12 月）。

後來，在天興元年（398年）國號事件到年底十二月拓跋珪即皇帝位時，代表北魏拓跋政權正式邁入新時代。在此段籌劃、討論時期，緊密連帶必須解決的大問題就是國家所繼承的正統。此事對當時的胡漢官僚而言，必定是一件重要而又有爭執的大事，也如同定國號一樣牽扯著深沉的胡漢文化差別問題。結果呈現出來的是：

> 群臣奏以國家繼黃帝之後，宜爲土德……於是始從土德，數用五，服尚黃。〔註94〕

再對照〈太祖紀〉所言：

> 尚書崔玄伯等奏從土德，服色尚黃，數用五。〔註95〕

或許是史籍留下的記載不全，故只見到漢人官僚崔玄伯等對北魏拓跋政權定位的初步詮釋。更可能當時對於此事的爭議甚大，對政權的傳承與定位尚未產生共識，因此，只形成「國家繼黃帝之後，宜爲土德」的模糊初步結論。

天興元年（398年）太祖正式即皇帝位，當時理應對政權的正統加以確立。據漢代以來所形成解釋政權正統性的五行相生學說，魏爲土德，則所繼承的前一政權爲火德才是。可是，文獻上並未有載明當時認可繼承政權的紀錄，雖有學者推論爲漢朝，〔註96〕但對照前句「國家繼黃帝之後」，不免又令人生疑。因爲，這句話所指並非繼承政權之意，應該是指拓跋民族是黃帝之後，即指民族源頭自黃帝而來，這原是當時北魏政權初統中原所必須創造的宣傳。〔註97〕因此，北魏初期複雜的情勢使其難以指明繼承的前一政權。但是，若視「國家繼黃帝之後，宜爲土德」即是其正統繼承的宣告，則只有雷家驥師所論的「遙繼說」可以得到理解了。〔註98〕

〔註94〕《魏書》卷108-1，〈禮志一〉，頁2734。

〔註95〕《魏書》卷2，〈太祖紀〉，頁34。《資治通鑑》卷110，〈晉紀三十二〉，安帝隆安二年十二月己丑條，頁3484記載：「又用崔宏議，自謂黃帝之後，以土德王。」

〔註96〕何德章，〈北魏國號與正統問題〉，《歷史研究》1992年第3期。推論北魏之「魏」，即是繼承曹魏之「魏」，因此，所繼承的是漢朝的火德。

〔註97〕曹仕邦，〈史稱「五胡源出中國聖王之後」的來源〉。

〔註98〕雷家驥師，〈正史及其形成理念（下）〉，收入氏著，《中古史學觀念史》（台北：台：台灣學生書局，1990年10月初版），頁514：「蓋拓跋氏的官方意思，自謂源出黃帝之子昌意，入仕於堯舜，欲托體黃帝，遙繼黃帝之土德。」此文指出，董仲舒三統說的大架構鋪下擯秦的理論基礎，經多人充實之後遂完成擯秦於正統之外。在此史學主流架構下，又衍生出「遙繼說」。匡衡爲「遙繼說」鋪好基礎，劉向、班固續成之，使得漢出堯後成爲遙繼觀念之始。後來，新莽、光武皆援引此說以爭正統，崔玄伯、崔浩父子效法劉向之遙繼說，也爲北魏爭正統。

　　無論如何，就五行相生學說中循環次序的必備條件來說，北魏的正統問題仍舊未得到解決。到了天興三年（400 年）十二月，太祖發出一詔文，頗有為政權的歷史文化定位辯護之意：

> 世俗謂漢高起於布衣而有天下，此未達其故也。夫劉承堯統，曠世繼德，有蛇龍之徵，致雲彩之應，五緯上聚，天人俱協，明革命之主，大運所鍾，不可以非望求也。然狂狡之徒，所以顛蹶而不已者，誠惑於逐鹿之說，而迷於天命也。……自非繼聖載德，天人合會，帝王之業，夫豈虛應。〔註99〕

此一詔文應是針對天興元年（398 年）正式立國中原後，對漢人社會發生反叛事件的回應。這些事件包括「中山太守仇儒亡匿趙郡，推群盜趙淮為主」、「前清河太守傅世聚黨千餘家」與「范陽人盧溥，聚眾海濱」等。這些事件的主要意義在於否認北魏拓跋政權的正統性與合法性，這些事件也必定產生輿論層面的影響力在各地流佈，雖然，北魏強大的軍力都很快加以弭平，但所造成的負面影響絕對不小。因此，北魏政權必須慎重處理此事。

　　此時，對中原人士而言，初立中原的北魏拓跋政權畢竟是異族政權，而且是胡族政權。雖然中原世界已經經歷十六國時期胡、漢交雜互動的經驗，但是，民族的鴻溝畢竟是難以跨跨越的，要得到中原人士的認同必定不易。在此艱困的歷史情境下，拓跋珪仍然必須找到適當的詮釋，來為自身確立初步的定位。當時想出來的說法可謂之「君權天授」，〔註100〕因為漢代與漢高祖劉邦是中原人士高度認同的歷史文化標誌，遂在如此的歷史土壤條件下，拓跋珪舉漢高祖作為自喻與定位的座標。他的用意在強調自己亦是「曠世繼德」與「大運所鍾」的受天命之主，故能創「帝王之業」，建立新國家。

　　由此一詔文來看，初建國家的拓跋珪顯然意在尋求漢人社會的認同，企圖豎立自己的地位與北魏的定位。然而，這個詔文重點雖在於確立北魏拓跋政權的正統地位，可是僅憑以漢高祖單一人物來自喻，卻缺乏在歷史文化繼承序列上的重要論述，即仍未解決五行相生循環的次序，就確立北魏拓跋政權正統地位此一大事來說，顯然這個詮釋的說服力不足。因此，北魏的正統繼承問題終究仍未解決。

〔註99〕《魏書》卷 2，〈太祖紀〉，頁 37。

〔註100〕雷家驥師，〈秦漢正統論的發展及其與史學的關係〉，收入氏著，《中古史學觀念史》，指出「秦漢之際，君權天授已成為深入而普遍的信仰，」當時已說劉邦居馬上而得天下是由於承受了天命。

　　當 439 年世祖統一北方的局面出現以後，北魏正統的繼承問題似乎開始
受到關注。然而，這個正統問題卻與佛教結合在一起：

　　　　（世祖太平眞君七年 446 年夏四月）戊子，鄴城毀五層佛圖，
　　於泥像中得玉璽二，其文皆曰「受命於天，旣壽永昌」，其一刻其旁
　　曰「魏所受漢傳國璽」。〔註101〕

若說北魏利用佛教來爲其正統繼承做宣傳，並不是一件很意外的事。就是因
爲佛教非常普遍流行，影響層面非常廣，甚至大到讓北魏拓跋政權感覺已影
響國計民生，所以，該年三月便曾經「詔諸州坑沙門，毀諸佛像」。此時距太
祖天興三年（400 年）發定位詔文已過四十餘年，刻文只是簡單記載「魏所受
漢傳國璽」，顯然企圖宣揚北魏是繼承漢之正統。至少，這是所見資料首度談
及正統的繼承問題，只是如此突發式的簡單宣傳，僅以「受漢傳國璽」來代
表繼承漢之正統，令人覺得相當突兀。但不論如何，此時北魏拓跋政權的正
統問題已經開始受到矚目，企圖直接以宗教信仰的符號來包裝政權，希望透
過佛教力量建立起正統地位。

　　在上述「漢傳國璽」事件之後，北魏的正統繼承問題，再度沉寂了許久。
這對於立基中原地區的政權而言，一向是極爲重視正統的繼承問題，少有如
北魏將其擱置而不處理的。這個罕見的政治性問題背後，必定交織著複雜的
現實問題與文化認同問題，遂致難以處理。

　　北魏的正統繼承問題，〔註102〕延續九十年之久以後，至高祖醞釀北魏
變革的時期，在太和十四年（490 年）八月這個微妙的時間點提出，〔註103〕
「丘澤初志（制），配尙宜定，五德相襲，分叙有常。然異同之論，著於往
漢，未詳之說，疑在今史，群官百辟，可議其所應，必令合衷，以成萬代之

〔註101〕《魏書》卷 4 下，〈世祖紀下〉，頁 101。

〔註102〕饒宗頤，《中國史學上之正統論:中國史學觀念探討之一》（台北:宗青圖書，
　　　　1979 年初版）屬整體概論，雖附高閭、李彪等議北魏五德之原文，但並未進
　　　　一步討論，故本文於此稍作討論。

〔註103〕一般多視爲改革禮儀及外交關係所引發，尤其是與南方爭正統的企圖。但，
　　　　此時距離文明太后死亡時間 9 月癸丑很近，高祖於此時提出討論這個重大問
　　　　題，令人頗感與文明太后有相當的關係。因爲，下述兩派意見的代表人物，
　　　　一派中書監高閭正是文明太后的重用幕僚，另一派的祕書丞李彪與著作郎崔
　　　　光又正是高祖的親信幕僚，後者的意見可能即是高祖心中意見的表達。或許，
　　　　高祖當時在文明太后身體衰亡徵兆顯現出來時，企圖趁勢解決此一爭議的大
　　　　問題。因此，從正統繼承問題的層面來觀察高祖與文明太后的關係，或許可
　　　　以進一步深入剖析出北魏此時變革之複雜性與眞相。

式」。〔註104〕很顯然地，高祖企圖解決北魏拓跋政權的歷史文化定位。

首先，中書監高閭主張「繼秦說」：

> 臣聞居尊據極，允應明命者，莫不以中原爲正統，神州爲帝宅。……魏承漢，火生土，故魏爲土德。晉承魏，土生金，故晉爲金德。趙承晉，金生水，故趙爲水德。燕承趙，水生木，故燕爲木德。秦承燕，木生火，故秦爲火德。秦之未滅，皇魏未克神州，秦氏既亡，大魏稱制玄朔。故平文之廟，始稱『太祖』，以明受命之證，如周在岐之陽。若繼晉，晉亡已久；若棄（繼）秦，則中原有寄。推此而言，承秦之理，事爲明驗。故以魏承秦，魏爲土德，……又秦趙及燕，雖非明聖，各正號赤縣，統有中土，郊天祭地，肆類咸秩，明刑制禮，不失舊章。奄岱踰河，境被淮漢。……今若并棄三家，遠承晉氏，則蔑中原正次之實。〔註105〕

高閭主張「繼秦說」的論述核心，在於受命者都「以中原爲正統，神州爲帝宅」，這實際上即是主張佔有、統治中原區域空間的「中原說」。高閭主張承認石趙、慕容燕與苻秦的合法性，因此，在時空延續原則下中原的「正次之實」，北魏應該是繼承前秦而爲土德。

隨後，祕書丞李彪與著作郎崔光等則主張「承晉說」：

> 尚書閭議，繼近秦氏。……然此帝業，神元爲首。案神元、晉武，往來和好。至于桓、穆，洛京破亡。二帝志摧聰、勒，思存晉氏，每助劉琨，申威并冀。是以晉室銜扶救之仁，越石深代王之請。平文、太祖，抗衡苻石，終平燕氏，大造中區。則是司馬祚終於郟鄏，而元氏受命於雲代。……自有晉傾淪，暨登國肇號，亦幾六十餘載，物色旗幟，率多從黑。是又自然合應，玄同漢始。……況劉、石、苻、燕，世業促褊，綱紀弗立。魏接其弊，自有彝典，豈可異漢之承木，捨晉而爲土耶？夫皇統崇極，承運至重，必當推協天緒，考審王次，不可雜以僭竊，參之強狡。神元既晉武同世，桓、穆與懷、愍接時。晉室之淪，平文始大，廟號太祖，抑亦有由。紹晉定德，孰曰不可，而欲次茲偏僭，豈非惑乎？〔註106〕

〔註104〕《魏書》卷108-1，〈禮志一〉，頁2744。
〔註105〕《魏書》卷108-1，〈禮志一〉，頁2744～5。
〔註106〕《魏書》卷108-1，〈禮志一〉，頁2745～6。

李彪等主張「承晉說」的論述核心，在於北魏歷史發展與西晉的長期密切關係，可視之爲一種「文化說」。除了視石趙、慕容燕與苻秦爲僭僞以外，並強調北魏的正統也是連續自晉而來，即「司馬祚終於郟鄏，而元氏受命於雲代」之謂。因此，主張北魏的屬德是承晉而爲水德。

兩造各有「中原說」與「文化說」的論據，高祖遂下令官僚群再加以討論，至太和十五年（491 年）正月，勳貴穆亮、陸叡等官僚群提出意見：

> 臣等受敕共議中書監高閭、秘書丞李彪等二人所議皇魏行次。
> 尚書高閭以石承晉爲水德，以燕承石爲木德，以秦承燕爲火德，大
> 魏次秦爲土德，皆以地據中夏，以爲得統之徵。皇魏建號，事接秦
> 末，晉既滅亡，天命在我。故因中原有寄，即而承之。彪等據神元
> 皇帝與晉武並時，桓、穆二帝，仍修舊好。始自平文，逮于太祖，
> 抗衡秦、趙，終平慕容。晉祚終於秦方，大魏興於雲朔。據漢棄秦
> 承周之義，以皇魏承晉爲水德。二家之論，大略如此。臣等謹共參
> 論，伏惟皇魏世王玄朔，下迄魏、晉，趙、秦、二燕雖地據中華，
> 德祚微淺，並獲推敍，於理未愜。又國家積德修長，道光萬載。彪
> 等職主東觀，詳究圖史，所據之理，其致難奪。今欲從彪等所議，
> 宜承晉爲水德。〔註107〕

很顯然地，高祖尊重代北勳貴群的意見。他們除了持論傾向於李彪之「文化說」論述以外，並且強調「據漢棄秦承周之義」來支持他們的觀點。這個說法顯然是有所繼承而來，此即雷家驥師所謂閏統說之「擯秦論」的適時運用，否定中間的諸政權而直繼西晉。〔註108〕

代北勳貴群的意見中，存有很重要的結論：「皇魏世王玄朔，下迄魏、晉，趙、秦、二燕雖地據中華，德祚微淺，並獲推敍，於理未愜。又國家積德修長，道光萬載。」很顯然地，這個「德政論」比較觀點有著歷史性的考量，

〔註107〕《魏書》卷 108-1，〈禮志一〉，頁 2747。
〔註108〕雷家驥師，〈秦漢正統論的發展及其與史學的關係〉。關於「擯秦論」，文中指出孟子的天人推移說、尊王賤霸說與王天下說的思想不僅影響秦朝政權的自我解釋，「同時伏下了以後賈誼、董仲舒、司馬遷等人重新檢討秦朝政權的性質之事，也伏下了劉向、歆父子和班彪、固父子的擯秦繼周，不承認秦之王天下事實而改創史著之舉」。首先，賈誼首創「外繼說」解決秦漢異姓之內繼爭論，否定秦之正統。後來，董仲舒之「三統說」更是排秦爲三統之餘閏。所以，「漢興百年之間，由漢統內繼於秦，漢統剋秦外繼，以至擯秦於正統以外而主漢統繼周」。北魏蓋是繼承、運用此「擯秦論」而確立自身的定位。

北魏的歷史成就已經超越之前僭僞諸政權的歷史地位。如此解讀北魏正統問題的觀點，正趨近於高祖的改革企圖，〔註109〕所以，高祖遂採行「承晉說」以北魏爲水德。

因此，北魏正統的繼承次序確定爲繼承晉，屬德爲水德。在高祖時代定調「承晉說」之後，等於正式宣告北魏繼承晉的歷史文化地位。經過高祖如此的魄力改革後，的確主導、影響了後來關於北魏正統的相關論述。在漢人士族官僚圈裡頗有持「承晉說」者，如張彝在世宗時〈上歷帝圖表〉，文有載：

> 輒私訪舊書，竊觀圖史，其帝皇興起之元，配天隆家之業……
> 至如太康……晉惠闇弱，骨肉相屠，終使聰曜鴟視并州，勒虎狼據
> 燕趙：如此之輩，固不畢載。起元庖犧，終於晉末，凡十六代，百
> 二十八帝，歷三千二百七年，雜事五百八十九，合成五卷，名曰〈歷
> 帝圖〉。〔註110〕

此表文意雖在向世宗倡導賢君觀念，但也在其撰文脈絡中可見「終於晉末」，顯示出他否定晉與北魏間十六國政權的地位。後來張彝再度上表：

> 及惠帝失御，中夏崩離，劉符專據秦西，燕趙獨制關左，姚夏
> 繼起，五涼競立，致使九服搖搖，民無定主，禮儀典制，此焉堙滅。
> 暨大魏應歷，撥亂登皇，……高祖遷鼎成周，永茲八百，偃武修文，
> 憲章斯改，實所謂加五帝、登三王，民無德而名焉。〔註111〕

他強調晉以後「中夏崩離」瓦解，待高祖之建設功績而恢復國家社會秩序，所以，他也從「德政論」的觀點，指出北魏可以繼承西晉以前的歷史文化正統。由張彝之例可以推知，經高祖改革後的北魏拓跋政權頗能獲得像張彝這些漢族士人的認同，如崔鴻也是提出類似的「承晉說」論述。〔註112〕

事實上，北魏拓跋政權正統的確定，目的終在歷史文化的定位。除了透

〔註109〕雷家驥師，〈正史及其形成理念（下）〉，指出經此次改革，孝文帝表現其漢化
自信心，決意與南朝一較高下，參與中國正統之爭；羅新，〈十六國北朝的五
德曆運問題〉，《中國史研究》2004 年第 3 期，文中也有類似的解讀，他認爲：
「也許，在抱負遠大的孝文帝看來，只有走出十六國的歷史，北魏國家與拓
跋集團才能眞正納入到華夏正統之中。因此，重新核定正統概念，整頓和排
列歷史的法統秩序，有利於從意識形態上消除那種把北魏看作十六國的繼續
的認識。」
〔註110〕《魏書》卷 64，〈張彝傳〉，頁 1430。
〔註111〕《魏書》卷 64，〈張彝傳〉，頁 1430～1。
〔註112〕《魏書》卷 67，〈崔光傳〉，頁 1503～4。

過解決政權的正統繼承問題以外，在其他層面上的經營也是試圖追求此一定位。在《魏書·序紀》上表露的「族緣黃帝說」〔註113〕就是一個典型例子：

> 昔黃帝有子二十五人，或內列諸華，或外分荒服，昌意少子，受封北土，國有大鮮卑山，因以爲號。其後，世爲君長，統幽都之北，廣漠之野，畜牧遷徙，射獵爲業，淳樸爲俗，簡易爲化，不爲文字，刻木紀契而已，世事遠近，人相傳授，如史官之紀錄焉。黃帝以土德王，北俗謂土爲托，謂后爲跋，故以爲氏。其裔始均，入仕堯世，逐女魃於弱水之北，民賴其勤，帝舜嘉之，命爲田祖。爰歷三代，以及秦漢，獯鬻、獫狁、山戎、匈奴之屬，累代殘暴，作害中州，而始均之裔，不交南夏，是以載籍無聞焉。〔註114〕

這個傳說很明顯的用意在將胡、漢都定爲黃帝的後代子孫，企圖由祖先源頭的確立進而建立共同的歷史文化源頭。而且，還記載著昌意後裔始均「入仕堯世，逐女魃於弱水之北，民賴其勤，帝舜嘉之，命爲田祖」，顯然是爲與中原傳統文化代表人物連結而創造的遠古歷史傳說。這傳說對北魏時代是有意義的創造，意在塑造出北魏政權在歷史文化上的資產，而且是融合銜接胡、漢的歷史文化體系，希望由此以爭取漢人更多的認同。

　　北魏拓跋政權爲塑造歷史文化上的定位，在族源說法上的創造以外，也仿製、繼承漢人舊有歷史文化傳統中確定、穩固的文化標誌。北魏拓跋政權在這方面亦有所實踐，即使只是儀式性的行事而少被注意，但若置於胡、漢尋求共同歷史文化脈絡的背景來看，即凸顯出時代意義。本文僅搜檢《魏書》中早期出現的儀式性行事如下：

> （天興三年400年五月）車駕東巡，遂幸涿鹿，遣使者以太牢祠帝堯、帝舜廟。……（天興四年401年二月）命樂師入學習舞，釋菜于先聖、先師。〔註115〕

> （神瑞二年415年六月）幸涿鹿，登橋山，觀溫泉，使使者以太牢祠黃帝廟。至廣寧，登歷山，祭舜廟。〔註116〕

〔註113〕雷家驥師，〈正史及其形成理念（下）〉，《中古史學觀念史》，頁526。
〔註114〕《魏書》卷1，〈序紀〉，頁1。
〔註115〕《魏書》卷2，〈太祖紀〉，頁36～38。
〔註116〕《魏書》卷3，〈太宗紀〉，頁55。《北史》卷1，〈魏本紀〉，頁30：「幸涿鹿，登嶠山，觀溫泉，使以太牢祠黃帝、唐堯廟。癸酉，幸廣寧，事如上谷。己卯，登廣寧之歷山，以太牢祠舜廟，帝親加禮焉。」《魏書》後續出現的類似

這些儀式性行事對本質為胡族政權的北魏而言，事實上是進入漢族歷史文化的傳統脈絡，其企圖蓋在銜接中原地區政權的文化源頭。因此，在北魏拓跋政權如此的目標下，黃帝、堯與舜這些標誌便另具深義了。孔子是所有儒家禮制的代表者，中原地區政權視其為主要的歷史文化源頭象徵，北魏遂行禮如儀以塑造認同。綜觀北魏歷代君主不斷的儀式性行事，從太祖天興三年（400年）開始，至高祖太和二十一年（497 年），可以顯示出北魏拓跋政權確實企圖銜接於漢人歷史文化傳統的脈絡，尤其至高祖孝文帝時，動作更為具體而積極，由此也顯示其改革的企圖。

第三節　君主體制的塑造

一、由部落盟主邁向帝國君主

　　從拓跋政權的發展歷程來看，並非太祖拓跋珪正式建國以後才有產生君主威權形式及實質內涵，而是自部落聯盟盟主時期已經逐步朝向君主威權的統治型態邁進。

　　早在拓跋珪建國以前即可見到展現君主地位的現象，即是拓跋猗盧透過刑罰措施以達成其統治力。對於此現象，唐長孺視之為國家出現的重要指標之一，[註117] 這樣的見解可以成立，因為，在古代社會的認知裡，「君」與「國」多是二合一，並不容易區分開來的。只是考慮到當時的部落聯盟階段，恐怕「國」的概念尚未普遍，所以，本文認為當做君主地位的確立似乎更加恰當。以下試論其演進過程。

　　早在拓跋政權早期並無固定的刑罰體制：

　　　　魏初，禮俗純朴，刑禁疏簡。宣帝南遷，復置四部大人，坐王
　　庭決辭訟，以言語約束，刻契記事，無囹圄考訊之法，諸犯罪者，
　　皆臨時決遣。神元因循，亡所革易。[註118]

　　　　行事史料省略，僅於此依時間順序列出卷次／頁數：108-1／2737、3／62、4／71、4／74、4／104、108-1／2739（460 年）、108-1／2739（468 年）、7／136（471 年）、7／136（472 年）、7／139、7／169（108-1／2750）、7／177、7／181 等。

[註117] 唐長孺，〈拓跋國家的建立及其封建化〉，收入氏著，《魏晉南北朝史論叢》（北京：三聯書店，1955 年 7 月第 1 版），頁 197。

[註118] 《魏書》卷 111，〈刑罰志〉，頁 2873。

四部大人決辭訟是部落聯盟時代簡單的懲處、裁決措施，彰顯的是部落大人的地位。到拓跋猗盧的時代有新的發展出現：

> 穆帝時，劉聰、石勒傾覆晉室。帝將平其亂，乃峻刑法，每以軍令從事。民乘寬政，多以違命得罪，死者以萬計。於是國落騷駭。〔註119〕

在《魏書》的〈序紀〉中也載：

> 先是，國俗寬簡，民未知禁。至是，明刑峻法，諸部民多以違命得罪。凡後期者皆舉部戮之，或有室家相攜而赴死所，人問「何之」，答曰「當往就誅」。其威嚴伏物，皆此類也。〔註120〕

為發動對外的軍事行動，拓跋猗盧不惜以「明刑峻法」來強制動員各部落的人力，充分展現其領導者的意志。對各部落而言，嚴厲的刑罰措施以致「死者以萬計」，必定造成震撼性的衝擊，也首次深切感受到拓跋猗盧的威嚴。這大概是拓拔政權發展過程中，首次展現其如同君主的威權。而如此統治型態的產生，當時是為擴大政權的空間版圖，必須動員廣大的部落聯盟成員才能達成。要完成這樣的大目標，最主要的關鍵就是指揮行政體系能力的發揮。領導者拓跋猗盧意志的貫徹，在尚未產生行政官僚體系以前，依賴的是赤裸裸的武力與刑罰。在拓跋猗盧嚴厲貫徹指揮意志的過程中，必定清楚領導威權建立的重要性。

因此，從部落聯盟時代的發展來觀察，拓跋政權絕非進入中原統治以後，才開始向漢人學習帝國式的君主體制，使君主制成為國家社會體制的核心。應該說，在其自身追尋、塑造君主體制架構的過程中，已產生諸多相關的政治經驗，而逐漸落實、影響到當時政治參與者的行為中。如穆崇之例：

> 穆崇，代人也。其先世效節於神元、桓、穆之時。崇機捷便辟，少以盜竊為事。太祖之居獨孤部，崇常往來奉給，時人無及者。後劉顯之謀逆也，平文皇帝外孫梁眷知之，密遣崇告太祖。眷告崇曰：「顯若知之問汝者，丈夫當死節，雖刀劍別割，勿泄也。」〔註121〕

由此穆崇的案例可見，在部落聯盟時代共主與臣僚之間的關係，便已有相當強調絕對的忠誠與犧牲，以利於政治領導中心的建立與穩固。這樣的政治經

〔註119〕《魏書》卷111，〈刑罰志〉，頁2873。
〔註120〕《魏書》卷1，〈序紀〉，頁9。
〔註121〕《魏書》卷27，〈穆崇傳〉，頁661。

驗，已經朝向鞏固領導者地位的發展趨勢。在拓跋政權暫時瓦解的時期，還
有長孫嵩的事例可以彰顯由盟主邁向君主的痕跡：

> 昭成末年，諸部乖亂，苻堅使劉庫仁攝國事，嵩與元他等率部
> 眾歸之。劉顯之謀難也，嵩率舊人及鄉邑七百餘家叛顯走，將至五
> 原。時寔君之子，亦聚眾自立，嵩欲歸之。見于烏渥，稱逆父之子，
> 勸嵩歸太祖。嵩未決，烏渥回其牛首，嵩俛俛從之。見太祖于三漢
> 亭。太祖承大統，復以為南部大人。〔註122〕

當政權瓦解之時，舊有所轄屬的部落也因失去政治領導中心而紛亂不已，其
狀況可能多如長孫嵩一樣，率所屬部落民歸附於勢力強大者以尋求依附。同
時，也在缺乏認同政治中心的情況下，遂有各部落主爭奪盟主地位的現象出
現。長孫嵩雖是帝室十姓之一成員，但在部落聯盟瓦解的情況下，遂輾轉抉
擇於各部落主之間。

　　若就長孫嵩的立場觀之，從他「見于烏渥，稱（寔君之子）逆父之子，
勸嵩歸太祖。嵩未決，烏渥回其牛首，嵩俛俛從之」的猶豫未決神情來看，
除了考慮此時拓跋珪的勢力尚未穩固以外，還有著部落聯盟盟主繼承制度尚
處於兄終弟及制有關，以致帶領著所屬部落民卻不知何去何從。顯然地，在
當時的政治世界裡，缺乏一個被部落認同的政治領導中心，以及穩定的父死
子繼君主傳承制度。

在當時如此的政治困境下，若欲穩定領導中心及領導者的地位，拓跋珪唯一
可動員運用的資源，仍是其舊有的部落聯盟機制。從上述引文來看，于烏渥
是重新整合拓跋部落聯盟的重要關鍵人物之一，他是高祖時期確立出八大代
北勳貴中于姓的先祖。因此，舊有部落聯盟重要成員的重新加入，以及各部
落聯盟間複雜勢力的平衡，〔註123〕使得拓跋政權得以從劉庫仁、劉衛辰的分

〔註122〕《魏書》卷25，〈長孫嵩傳〉，頁643。此段對照《通鑑》所載更為清楚，卷
　　　　106，〈晉紀二十八〉，孝武帝太元十年八月條，頁3351：「故南部大人長孫嵩
　　　　帥所部七百餘家叛顯，奔五原。時拓跋寔君之子渥亦聚眾自立，嵩欲從之；
　　　　烏渥謂嵩曰：『逆父之子，不足從也。不如歸珪。』嵩從之。」《北史》卷22，
　　　　〈長孫嵩傳〉，頁805此段所載不同者：「……庶師七百餘家叛顯走。將至五
　　　　原，時寔君之子渥亦聚眾自立，……」

〔註123〕田餘慶，〈獨孤部落離散問題〉，《拓跋史探》，頁86～87載：「前秦滅代後命
　　　　鐵弗、獨孤分統拓跋部眾，本有使之相互制衡，抑制獨孤之意。同時又命本
　　　　駐陰山以北的賀蘭部帥賀納總攝東部，遷居大寧，『行其恩信，眾多歸之，俟
　　　　於庫仁』。這顯然是引賀蘭部南來居東，綏撫周邊部族，以分獨孤之勢，維持

治狀態回歸於一統。因此，當舊有政權體系恢復，拓跋珪也再重用帝室十姓後代之長孫嵩爲南部大人，等於沿用舊例恢復其家的往日地位。因此君臣親近的關係結構，後來拓跋政權對於開國有功的重臣皆予以重用與優待。

顯然地，在當時的政治世界裡，缺乏矗立出一個被認同而穩定的政治領導中心。這樣的政治結構，源於游牧部落傳統領導者的推舉制或是兄終弟及制的開放性。所以，當登國元年（386 年）太祖即代王位之時，尚不足以改變部落的政治傳統，但急需增強領導者的威權。當時可用於增強領導威權的資源，包括假藉晉的政治影響力以再證己之權位，所以實行簡單的「承大統」儀式，「郊天，建元，大會於牛川」以豎立各部落勢力對其重建政權的認同。當然，最實質的改革力量就是解散部落等措施，此於後再討論。

即使拓跋珪初即位時，類似上述長孫嵩的例子，各部落主爭奪盟主的情況仍然存在：

> （劉顯）族人奴眞領部來附。奴眞兄犍，先居賀蘭部。至是，奴眞請召犍而讓部焉。太祖義而許之。犍既領部，自以久託賀訥，德之，乃使弟去斤遺之金馬。訥弟染干因謂之曰：「我待汝兄弟厚，汝今領部，宜來從我。」去斤請之奴眞。奴眞曰：「父爲國家附臣，世效忠貞。我志全名節，是故推讓。今汝等無狀，乃欲叛主懷貳。」於是殺犍及去斤。染干聞其殺兄，率騎討之，奴眞懼，徒部來奔太祖。〔註124〕

奴眞所謂「父爲國家附臣，世效忠貞」，蓋指昭成帝拓跋什翼犍時代初創的君臣組織架構雛形，他也選擇加入這個復興的政治體系中，遂延續而願「領部來附」。但是，他兄弟可能所處環境疏遠，並未認同於這個新成立的政治體。

待拓跋政權進入中原地區以後，諸多政治社會的體制框架是學習漢式帝國的，所以，要了解拓跋政權正式立國後的君主體制，必須考慮到漢式帝國

代北地區力量的平衡和穩定。拓跋滅國至復國的十年，似乎是一個賀蘭與獨孤各自廣樹恩信以招引原拓跋部落聯盟諸部的過程。……加以雙方內部各有矛盾，在賀蘭是賀訥與賀染干矛盾，在獨孤是劉顯與劉羅辰矛盾，此部族矛盾一方與彼部族矛盾一方又有鉤連，因而形成部族間更爲複雜的關係。拓跋部在滅國後尋求兩方部落保護，復國後卻又利用矛盾，逐步擴展拓跋實力。對賀蘭，是以賀訥爲友，賀染干爲敵；對獨孤，是以劉奴眞爲友，劉顯爲敵。最後，是羈縻賀訥、劉奴眞而消滅賀蘭、獨孤作爲部落的存在，樹立道武君權。」

〔註124〕《魏書》卷 23，〈劉庫仁傳〉，頁 606。

體制的背景因素。因此，關於君主體制的了解，嘗試從對內與對外兩方面來
進行了解。

　　首先，討論對內的層面。對內包含兩個層次，一個是體制儀式的創制，
一個是君主威權的發揮與落實。體制儀式的確立，最早記載關於拓跋君主即
位的就是：

　　　　登國元年（386 年）春正月戊申，帝即代王位，郊天，建元，
　　大會於牛川。〔註125〕

此時拓跋君主的性質，仍可從「大會於牛川」看得出來。這個舉動是傳統部
落聯盟的儀式，意謂著盟主對其部落聯盟宣示領導的威權，所以，此時北魏
拓跋政權雖已建國統有漢人居住區域，但其領導者的主要意義僅止於部落聯
盟的範圍。因此，這時顯示出拓跋君主的定位與國情不相符合的情況。稍後，
「夏四月，改稱魏王」的動作，極可能就是回應現實狀況的初步調整。由此
來看的話，這個改稱「魏王」，便是希望轉變為漢式君主的意義。但是，對漢
人社會來說，沒有舉行繁冗神聖的儀式，便無法彰顯出君主的威權地位。

　　這個未完成而具有指標意義的即位儀式，最後終是由嫻熟於君主體制的
漢人官僚來逐步推動：

　　　　（皇始元年396 年）秋七月，左司馬許謙上書勸進尊號，帝始
　　建天子旌旗，出入警蹕，於是改元。〔註126〕

許謙上書的時機選在慕容垂已死的時候，意謂著拓跋政權已成為北方最強大之
國，已無可對抗的敵人，恰能彰顯拓跋君主的大功。「建天子旌旗，出入警蹕，
於是改元」已經是行天子之實，僅剩下即位儀式的完成了。到天興元年（398
年）十一月，拓跋帝國的各項漢式建制陸續完成之時，緊接著閏十一月時：

　　　　左丞相、驃騎大將軍、衛王儀及諸王公卿士，詣闕上書曰：
　　「臣等聞宸極居中，則列宿齊其曜；……而（陛下）躬履謙虛，
　　退身後己，宸儀未彰，袞服未御，非所以上允皇天之意，下副樂
　　推之心。宜光崇聖烈，示軌憲於萬世。臣等謹昧死以聞。」帝三
　　讓乃許之。〔註127〕

很顯然的，這是一段推尊崇聖的論述。意圖推行漢式天子即位的神聖儀式，
透過此種方式來確立拓跋君主的天子地位，意在藉神聖的皇天來提高君主在

〔註125〕《魏書》卷2，〈太祖紀〉，頁20。
〔註126〕《魏書》卷2，〈太祖紀〉，頁27。
〔註127〕《魏書》卷2，〈太祖紀〉，頁33～34。

政治上的威權。隨之，於十二月舉行正式的即位儀式。由此，拓跋帝國的領導中心即天子的威權地位正式樹立。終於，拓跋君主由「王」演變到「帝」。如此的改變就中原傳統文化而言，代表北魏皇帝也是具有絕對的道德與權勢，宣示他是宇內最高的統治者。〔註128〕

　　與歷代漢人政權比較起來，這段推尊崇聖的舉動雖只不過事例行公事而已，並無新意。可是，這對君主政體的建立有著絕大關係，其中之關鍵就如孫同勛師所說：

> 由於忠君愛國的道德教訓，繁文縟節的儀式修飾，再加以種種
> 神秘的解說，君主在臣民的心目中就成為至高無上，神聖不可侵犯
> 的對象，不服從君主，不僅是不道德，而且褻瀆神靈。這種心理因
> 素是君主專制政體的基本條件，如果這種心理因素不存在，君主專
> 制政體就無法繼續存在，只靠武力並不足以維持君主政體。〔註129〕

所以，上述推尊崇聖論述與儀式的目的就在於確立君主體制的基礎，奠定君主神聖威權的地位。尤其對拓跋政權而言，意義是多重的。除了拓跋珪初嚐君主的崇高神聖以外，更重要者在於同時向胡漢雙方宣示其君主的威權。

　　這套勸進的儀式體制，相信漢人官僚最為熟悉，拓跋珪也必定了解這套君主體制儀式的意義，正符合當時國家發展的需求，所以，就順勢完成這項神聖偉大的儀式。領導者的定位，至少在表面上已轉型為帝國式的專制君主，不再是部落聯盟式的盟主。

　　接著，再說君主威權的發揮與落實。理論上或說儀式上對內君主威權地位已經確立，但是，這個政治圖騰象徵的意義未必普遍被接受、認同與了解。尤其，對於未曾經歷過漢式帝國政治經驗的胡族官僚們，可能比較不容易接受這個新政治文化。因此，正當太祖在各方面建立新的國家體制之時，對於君主威權提升一事亦極為重視，透過具體的互動關係來建立君主威權的理念：

> （李）栗性簡慢，矜寵，不率禮度，每在太祖前舒放倨傲，不
> 自祗肅，咳唾任情。太祖積其宿過，天興三年（400年）遂誅之。
> 於是威嚴始屬，制勒群下盡卑謙之禮，自栗始也。〔註130〕

〔註128〕鄭欽仁等編著，《魏晉南北朝史》（台北：國立空中大學，1998年8月初版），頁264。

〔註129〕孫同勛師，《拓跋氏的漢化及其他——北魏史論文集》（台北：稻鄉出版社，2005年3月初版），頁14。

〔註130〕《魏書》卷28，〈李栗傳〉，頁686。

此時距離上述天興元年（398 年）太祖正式即位僅二年，藉著李栗的案例，我們可見的是太祖在對國內君主威權的建立。這一點，是過去的研究未加以區分出來的。事實上，所謂對國內，就是指君主與百官臣僚之間的互動關係。透過此事，我們可做進一步的分析、討論：

一、李栗的「矜寵，不率禮度，每在太祖前舒放倨傲，不自祇肅，咳唾任情」的樣態之所以產生，很可能是因其在王業草創的過程中，擔任元從二十一人的爪牙心腹的重要幕僚角色，[註131] 數有戰功故漸以致之。或者，仍視太祖是共患難的創業弟兄。

二、李栗這樣的習性也可能是原來游牧部落的生活習慣。隨著時移境遷，時空場景由盟主與部落大人之關係轉換成君主與臣僚的關係時，即政治行為的互動模式必須學習新的禮儀，他卻不能察覺適應。

三、將此事置於原有時空場景，更能突顯拓跋珪此舉之意義。自皇始二年（397 年）平定中山之後，象徵著統治勢力進入中原地區，隨即於天興元年（398 年）展開國家新體制的各項創制。如議定國號為魏，「遷都平城，始營宮室，建宗廟，立社稷」等，並且詔「儀曹郎中董謐撰郊廟、社稷、朝覲、饗宴之儀；三公郎中王德定律令，申科禁」。很明顯的，太祖將中原地區傳統的帝國框架頒行於北魏拓跋政權，此一巨大的轉變必定衝擊到原有游牧部落政權從上到下的各個層面。一般來說，硬體的建設容易完成，但在軟體─人的行為卻不是可以馬上改變適應的。想必勳貴與部落大人等極難適應這些新禮儀與新律令，故在隔年（399 年）太祖又「詔禮官備撰眾儀，著於新令」，等於向他們再做一次新政策的明白宣示，以法令規定來強迫遵守。所以，太祖在天興三年（400 年）處決「舒放倨傲，不自祇肅，咳唾任情」的李栗，是依據新法令而為，除了藉此建立君主的專制威權之外，更重要者應是展現其推動新國家體制與新文化的決心。

莫題是與李栗同時期侍宴太祖的大臣，當李栗因不敬獲罪處死之時，莫題也被黜為濟陽太守，必定是其行為也不符合臣僚禮儀。後來，在規劃平城的建築時，欲模仿鄴、洛陽與長安的規制，工程非常龐大。因此，太祖找上機巧的莫題（莫含孫），希望由他監工造成。但是，

〔註131〕張金龍，〈拓跋珪「元從二十一人」考〉，《北朝研究》1995 年第 1 期。據其研究指出曾任「元從二十一人」者有：丘穆陵崇、長孫犍、拓跋他、賀蘭悅、拓跋紇羅、拓跋儀、拓跋觚、叔孫建、奚牧、長孫肥、庾和辰、安同、拓跋烈、拓跋遵、拓跋虔、王建、和跋、尉古真、來初真、穆丑善等。

> 召入，與論興造之宜。題久侍頗怠，賜死。〔註132〕

看來，太祖是極重視他的威權地位，不允許臣僚的行為舉止不敬、怠慢。與此情況類似的事例還有：

> 太祖好黃老，數召諸王及朝臣親為說之，在座莫不祗肅，（毗陵王）順獨坐寐欠伸，不顧而唾。太祖怒，廢之。〔註133〕

以及自慕容氏來歸具歷代仕宦背景的封懿：

> 太祖數引見，問以慕容舊事。懿應對疏慢，廢還家。〔註134〕

封懿是漢人，理應了解天子的地位，但他像莫題一樣，對太祖的君主地位頗不認同，以致「應對疏慢，廢還家」。

太祖在極力建立自己的威權過程中，很清楚可見其重法的特質，相信是其來有自：

> 初，太祖以慕容垂諸子分據勢要，權柄推移，遂至亡滅；且國俗敦樸，嗜欲寡少，不可啟其機心，而導其巧利，深非之。（公孫）表承指上《韓非書》二十卷，太祖稱善。〔註135〕

由此條紀錄來看，太祖在創建的過程中，頗費心思於統治國家的權術之道。似乎他探索得來的統治之道，便是重法的君主集權制。

太祖初立君主體制，在帝國初創時期遭遇到最多的反彈，所以，史料所見的相關記載幾乎都在這一時期。不管是漢人或者是部落民，對於這一新體制都顯現出相當的不認同，上述所有資料便是明證。當然，尚有一個層面必須考慮。君主體制的框架與威權是籠罩著每一個官僚體制內的官僚，尤其是中央朝廷的官僚。對於這樣的新環境，官僚們並不是都能深切認知並加以認同的，故在言行上總有超越此一新體制規範的情形。因此，自太祖時期便嚴屬的懲處，不論官僚是有意或無意都一樣，目的便在建立君主無可侵犯的威權地位。

即使經歷太祖時期二十餘年多方的經營，在太祖統治的階段裡，始終未

〔註132〕《魏書》卷23，〈莫含傳〉，頁604。
〔註133〕《魏書》卷15，〈昭成子孫列傳・毗陵王順傳〉，頁383。《北史》卷15，〈魏諸宗室列傳・毗陵王順傳〉，頁577～8：「道武好黃、老，數召諸王及朝臣親為說之，在坐莫不祗肅，唯順獨坐寐，不顧而唾。帝怒廢之。」
〔註134〕《魏書》卷32，〈封懿傳〉，頁760。
〔註135〕《魏書》卷33，〈公孫表傳〉，頁782。《北史》卷27，〈公孫表傳〉，頁974所載類同。

完全穩固的君主體制仍然受到嚴厲的挑戰，而且是來自宗室內部的破壞。先有衛王儀事件：

> 太祖以儀器望，待之尤重，數幸其第，如家人禮。儀矜功恃寵，遂與宜都王穆崇謀爲亂，伏武士伺太祖，欲爲逆。崇子遂留在伏士中，太祖召之，將有所使。遂留聞召，恐發，踰牆告狀，太祖祕而恕之。〔註136〕

看來，政權中勳貴官僚對君主體制的想法，認爲可以挑戰並取而代之。後來，清河王紹事件的意義也正是在於此：

> 紹母夫人賀氏有譴，太祖幽之於宮，將殺之。會日暮，未決。賀氏密告紹曰：「汝將何以救吾？」紹乃夜與帳下及宦者數人，踰宮犯禁。左右侍御呼曰：「賊至！」太祖驚起，求弓刀不獲，遂暴崩。明日，宮門至日中不開，紹稱詔召百僚於西宮端門前北面而立，紹從門扇間謂群臣曰：「我有父，亦有兄，公卿欲從誰也？」王公已下皆驚愕失色，莫有對者。良久，南平公長孫嵩曰：「從王。」群臣乃知宮車晏駕，而不審登遐之狀，唯陰平公元烈哭泣而去。於是朝野兇兇，人懷異志。〔註137〕

清河王紹所謂「我有父，亦有兄，公卿欲從誰也？」實其部落時代推舉制的傳統，意即可以推舉制來決定領導者，而非遵循此時初立的嫡長繼承制。長孫嵩能當下敏感察知此事蹊蹺，實其有過類似的經驗。〔註138〕所以，長孫嵩了解領導者產生的機制並非只有嫡長繼承一制。且，當時形勢爲清河王紹所掌握，群僚被迫必須表態支持，所以，長孫嵩先以「從王」因應之。至於，「陰平公元烈哭泣而去」，是因爲他「詐附紹募執太宗」，所以清河王紹才相信他並讓他離開。所以，當時群僚被迫必須否認現有繼承體制。

即使清河王紹事件結束，太宗已經即位了，但宗室群僚尙有不認同君主體制者，仍然發生「朱提王悅懷刃入禁中，將爲大逆」〔註139〕之事：

〔註136〕《魏書》卷15，〈昭成子孫列傳・秦明王翰傳附〉，頁371～2。《北史》卷15，〈魏諸宗室列傳・秦明王翰傳附〉，頁562～3所載類同。

〔註137〕《魏書》卷16，〈道武七王列傳・清河王紹傳〉，頁390。《北史》卷16，〈道武七王列傳・清河王紹傳〉，頁589～90所載主要差別在：「良久，南平公長孫嵩曰：『臣等不審登遐狀。』唯陰平公元烈哭泣而去。」

〔註138〕此即上述所論長孫嵩勉強聽從于烏渥而加入拓跋珪部落的那段經驗。

〔註139〕《魏書》卷29，〈叔孫建傳〉，頁705。

悦恃寵驕矜，每謂所親王洛生之徒言曰：「一旦宮車晏駕，吾
止避衛公，除此誰在吾前？」……太宗即位，引悦入侍，仍懷姦計，
說帝云：「京師雜人，不可保信，宜誅其非類者。……」欲以雪其私
忿。太宗不從。悦內自疑懼，懷刀入侍，謀爲大逆。叔孫俊疑之，
竊視其懷，有刀，執而賜死。〔註140〕

承自部落時代之宗室成員仍習於傳統體制，尚未能接受帝國式的君主體制。
此類事件屢屢自拓跋宗室內部產生，絕非只可視之爲單一偶發個案，而是受
到部落傳統習俗力量的干擾，不斷阻礙君主體制的正常運轉。對北魏拓跋政
權邁向君主體制來說，這個干擾的力量不僅是來自宗室而已，而且也有來自
代人勳貴的影響。在世祖、高宗權力轉移過程中顯現出來：

世祖崩，諸大臣等議欲立（東平王）翰，而中常侍宗愛與翰不
協，矯太后令立南安王余，遂殺翰。〔註141〕

此細微處「諸大臣等議欲立翰」，正是這種力量的顯現。此事的實情是：

世祖崩，秘不發喪。尚書左僕射蘭延、侍中和匹等議，以爲皇
孫幼沖，宜立長君，徵秦王翰置之祕室。（薛）提曰：「皇孫有世嫡
之重，民望所係。春秋雖少，令問聞於天下，成王、孝昭所以隆周
漢。廢所宜立，而更求君，必不可。」延等猶豫未決。〔註142〕

或許尚書左僕射蘭延、侍中和匹等代人大臣是權宜考量到「皇孫幼沖」，但相
較於薛提所言「廢所宜立，而更求君，必不可」的思維，彰顯出君主體制尚
未受到代人大臣們的遵循。

其次，再論對外的層面。上述的事例都是對國內建立君主威權的狀況，
至於對國外的事例也有。在天興初年（398年）之時，姚興侵略晉安帝司馬德
宗的襄陽戍地，戍將郗恢緊急遣使求救於常山王遵。常山王遵將此事向上報
告，太祖於是下令崔逞與張袞爲常山王遵撰書信回答。結果：

初，恢與遵書云，「賢兄虎步中原」，太祖以言悖君臣之體，敕
逞、袞亦貶其主號以報之。逞、袞乃云「貴主」。太祖怒曰：「使汝

<hr>

〔註140〕《魏書》卷15，〈昭成子孫列傳・陳留王虔傳附〉，頁381～382。《北史》卷
15，〈魏諸宗室列傳・陳留王虔傳附〉，頁575所載同。

〔註141〕《魏書》卷18，〈太武五王列傳・東平王翰傳〉，頁418。《北史》卷16，〈太
武五王列傳・東平王翰傳〉，頁605所載同。

〔註142〕《魏書》卷33，〈薛提傳〉，頁795。《北史》卷28，〈薛提傳〉，頁1035所載
差異在：「令問聞於天下。廢所宜立而更別求，必有不可。」

貶其主以答，乃稱貴主，何若賢兄也？」遂賜死。〔註143〕

類似的案例還有：

> （奚牧）以軍功拜并州刺史，賜爵任城公。州與姚興接界，興
> 頗寇邊，牧乃與興書，稱頓首，鈞禮抗之。責興侵邊不直之意。興
> 以與國通和，恨之。有言於太祖，太祖戮之。〔註144〕

可見在此外交辭令上，太祖除了爭自身君主位號在國際上的地位之外，也是
在爭奪北魏拓跋政權的正統地位。故對太祖而言，茲事體大，必須予以重懲。

君主的威權，在臣僚出使外國時，亦加以貫徹、落實：

> （封軌）兼員外散騎常侍，銜命高麗。高麗王雲恃其偏遠，稱
> 疾不親受詔。軌正色詰之，喻以大義，雲乃北面受詔。〔註145〕

> （公孫軌）後兼大鴻臚，持節拜氐王楊玄爲南秦王。及境，玄
> 不郊迎，軌數玄曰：「……今君王無肅恭之禮，非蕃臣也。」玄使其
> 屬趙客子對曰：「天子以六合爲家，孰非王庭，是以敢請入國，然後
> 受謁。」軌答曰：「大夫入境，尚有郊勞，而況王命者乎？請奉策以
> 還。」玄懼，詣郊受命。〔註146〕

受詔或郊迎，皆是展現君主威權的儀式。地方諸王的行禮如儀，自是代表對
君主威權的認同，也是對北魏拓跋政權的認同。透過「親受詔」與「郊迎」
儀式，便建立起北魏與屬國間的君臣關係。看來此時北魏君主代表中原的「天
子」地位已然確立：

> （太宗）時侍臣受斤亡入蠕蠕，詔（尉）眷追之，遂至虜庭。
> 大檀問其故，眷曰：「受斤負罪天子，逃刑在此，不時執送，是以來
> 取。」〔註147〕

北魏帝國的體系有其龐大的一面，主要表現在屬國的眾多及分布廣遠，對於
屬國前來的朝貢儀式相當重視，透過朝貢關係表現出泱泱帝國之風。因此，
北魏雖是出身北方草原的游牧政權，但是，對於朝貢關係的建立相當重視。

〔註143〕《魏書》卷32，〈崔逞傳〉，頁758。
〔註144〕《魏書》卷28，〈奚牧傳〉，頁683。
〔註145〕《魏書》卷32，〈封懿傳〉，頁764。
〔註146〕《魏書》卷33，〈公孫表傳〉，頁784。《北史》卷27，〈公孫表傳〉，頁975
　　　　所載較簡略：「兼大鴻臚，持節拜立氐楊玄爲南秦王。及境，玄不郊迎，軌數
　　　　玄無蕃臣禮。玄懼，詣郊受命。」
〔註147〕《魏書》卷26，〈尉古眞傳〉，頁656。

每當派任使節出使新屬國之時，尤其容易產生認同上的衝突緊張，北魏天子的使節皆以尊崇之姿來強硬建立君臣關係，如于簡出使馮跋：

> 于簡，字什門，代人也。太宗時為謁者，使喻馮跋。及至和龍，住外舍不入，使人謂跋曰：「大魏皇帝有詔，須馮主出受，然後敢入。」跋使人牽逼令入，見跋不拜，跋令人按其項。什門曰：「馮主拜受詔，吾自以賓主致敬，何須苦見逼也！」與跋往復，聲氣厲然，初不撓屈。〔註148〕

又如朱長生與于提出使高車亦產生衝突：

> 至其庭，高車主阿伏至羅責長生等拜，長生拒之曰：「我天子使，安肯拜下土諸侯！」阿伏至羅乃不以禮待。長生以金銀寶器奉之，至羅既受獻，長生曰：「為臣內附，宜盡臣禮，何得口云再拜而實不拜！」呼出帳，命眾中拜。阿伏至羅慚其臣下，大怒曰：「帳中何不教我拜，而辱我於大眾！」奪長生等獻物，囚之叢石之中，兵脅之曰：「汝能為我臣則活，如其不降，殺汝！」長生與于堤嗔目厲聲責之曰：「豈有天子使人拜汝夷，我寧為魏鬼，不為汝臣！」至羅彌怒，絕其飲食。〔註149〕

很顯然可見，在外交關係的建立過程中，北魏君主至高無上的地位是使節出使的基本立場，無可改變。因此，北魏君主的權威地位，在外交的層面上應有相當的落實。

二、離散部落與去除母、妻族力量

拓跋珪從部落聯盟主得以轉型成為帝國君主，其中最重要的改革措施當為離散部落與去除母、妻族力量。這兩項措施是北魏拓跋政權邁向君主帝國體制的整體規劃，深切關係到北魏拓跋政權體制的轉型且影響深遠。

關於離散部落的記載史料實不多，並列於下：

> 凡此四方諸部，歲時朝貢，登國初，太祖散諸部落，始同為編民。〔註150〕

〔註148〕《魏書》卷87，〈節義列傳·于什門傳〉，頁1889～90。《北史》卷85，〈節義列傳·于什門傳〉，頁2842～3所載類同。

〔註149〕《魏書》卷87，〈節義列傳·朱長生及于提傳〉，頁1892。《北史》卷85，〈節義列傳·朱長生及于提傳〉，頁2845所載類同。

〔註150〕《魏書》卷113，〈官氏志〉，頁3014。

> 賀納……其先世爲君長，四方附國者數十部。……納從太祖平
> 中原，拜安遠將軍。其後離散諸部，分土定居，不聽遷徙，其君長大
> 人皆同編戶。納以元舅，甚見尊重，然無統領。以壽終於家。〔註151〕

> 太祖時，分散諸部，唯高車以類粗獷，不任使役，故得別爲部
> 落。〔註152〕

關於離散部落的事實內涵，一般以爲即是強制部落民居住於規定的區域，不
准遷徙，部落民的身分轉換爲編民必須接受國家的統治，原來的部落大人被
剝奪部落統治權。李憑進一步指出離散部落與息眾課農、屯田等農墾政策相
互配合實施的，流程是先「分土」才能使部落「離散」，再使部民「定居」，
然後達到「使役」，遂成爲「編民」。〔註153〕

根據田餘慶的基本論點，拓跋部落聯盟在邁向帝國體制的轉型過程中，
採取了離散部落的措施。他對離散部落的情況認爲是：

> 離散部落首先是拓跋部對被征服部落的一種暴力強制，是一個
> 持續的對抗過程。道武帝爲建立帝業而奮鬥，重要的對手是幾家強
> 大的后族，即賀蘭部、獨孤部，還有慕容部，他們的部落離散都不
> 是簡單的遵令而行。也許賀蘭部、獨孤部終於被分割離散了，才促
> 使一些較小的、有定居條件的、駐牧地與拓跋接近的部落接受離散
> 的處置。而且，還有不少部落由於不具備定居條件、或者北魏對之
> 無力強制，終北魏之世未被離散。〔註154〕

對於興復先業的拓跋政權而言，當時「並沒有強大的外界敵人要去認眞對付，
眞正棘手的倒是他的母族部落和妻族部落，甚至還有他自己的母、妻」。因此
現況，道武帝以「暴力強制」離散母族、妻族部落，〔註155〕最主要原因就是
爲了「打破部落聯盟的束縛，建立帝業」。

〔註151〕《魏書》卷83上，〈外戚列傳・賀訥傳〉，頁1812。《北史》卷80，〈外戚列
　　　　傳・賀訥傳〉，頁2671～2所載類同。
〔註152〕《魏書》卷103，〈高車傳〉，頁2309。《北史》卷98，〈高車傳〉，頁3272所
　　　　載同。
〔註153〕李憑，〈皇權初建〉，收入氏著，《北魏平城時代》（北京：社會科學文獻出版
　　　　社，2000年1月第1版）。
〔註154〕田餘慶，《拓跋史探》，頁31。
〔註155〕李明仁，〈拓跋氏早期的婚姻政策〉，《史原》第20期（1997年5月），已指
　　　　出母妻族力量是拓跋政權得以成立的關鍵力量之一，如今遭受暴力摧毀，可
　　　　見拓跋政權轉變之激烈。

　　其中賀蘭部與拓跋部有著複雜的婚姻關係及政治關係，獻明帝賀后帶著拓跋珪輾轉逃難於獨孤部與賀蘭部之間，最後並促使賀納擁立拓跋珪興復先業，因此，賀蘭部既是拓跋政權的重要助力也是糾纏不清的敵手。在激烈、複雜的戰爭反覆進行過程中，賀蘭部總計被離散四次。〔註156〕這過程更準確地說，除了遷徙部落以外還要離散部落，直到清河王紹事件以後，賀蘭部的勢力才被完全消除。

　　在賀后與拓跋珪留駐獨孤部時，劉庫仁、劉顯所統治的獨孤部正是代北地區最強大的部落。獨孤部與拓跋部最重要的衝突事件，就是劉顯引昭成之子拓跋窟咄（拓跋珪叔父）與拓跋珪爭位，使得「諸部騷動」，拓跋珪必須「北踰陰山」再投靠賀蘭部，並尋求慕容氏的協助，最後才得以安渡此次危機。〔註157〕總計獨孤部落被三次強制遷徙離散，才解決其對拓跋部的威脅。〔註158〕

　　關於離散部落的解讀，相關史料記載不多，因此各家的看法各有著重。谷川道雄認為此事的重要性在於北魏開始突破民族的界線：

　　　　北魏帝國與五胡國家有一點截然不同，那就是在建國當初斷然
　　解散了游牧民諸部落。北魏由此超越了作為五胡國家的核心同時也
　　是其限界的部族制度，而進入一個更為開放的階段。〔註159〕

此處所指並非是統治權或是支配權的層面，這部份應該是更趨於集權。〔註160〕此處是指北魏拓跋政權能突破傳統組織—部落種族的部族制，進而以帝國體制來容納更多諸方群體勢力。其中重大的意義在於，拓跋珪開始突破部份部落民傳統部族制的界限框架，等於也是突破相適應於部族制而產生的社會組織、文化體系等，所以，對於部落政權出身的北魏而言，此事無論範圍影響程度多大，確實是一重大的改創。

　　可以想像了解的是，北魏拓跋政權擴張至帝國體制，佔有新的統治區域，統有各方不同的人群，此時最急迫者莫過於籌畫一能統合彙整帝國全境於單一國家之下的體制。當時，以拓跋部為核心的統治階層為主要的掌權者，而將以前部落聯盟下的部落群轉為被統治的編民。但是，傳統的部落聯盟體制

　〔註156〕田餘慶，〈賀蘭部落離散問題〉，收入氏著，《拓跋史探》。
　〔註157〕《魏書》卷15，〈昭成子孫列傳·拓跋窟咄傳〉，頁385～386。
　〔註158〕田餘慶，〈獨孤部落離散問題〉，收入氏著，《拓跋史探》。
　〔註159〕谷川道雄著，李濟滄譯，《隋唐帝國形成史論》（上海：上海古籍出版社，2004
　　　　年10月第1版），頁95。
　〔註160〕張繼昊，在《從拓跋到北魏》一書中的基本論點，認為北魏政權規模勢力雖
　　　　擴大，但權力相反走向收縮集權。

成爲轉型最大的障礙。因爲，就關鍵的支配權轉移來說，離散部落的最主要目的就是將部落民轉爲編民，由國家體制或說君主來支配統治。可是，部落民習於部落大人與部落體制的領導，極難以一項政策使其徹底改變身分所屬的定位與其認同的所屬政治社會群體。所以，以戰爭的強制手段進行離散部落之外，還有這背後重大、深刻的結構轉變。

更進一步深論之，即使後來大多數部落民被強迫改爲編民的身分並配徙於各地，但是，他們對於自己身份的定位恐怕仍是沿襲舊有的部落體制而非帝國體制。因此，北魏此一強制性的政策，雖達到現實上的支配權掌控而得以成立帝國，但短時期內應該是無法立即改變部落傳統的結構與文化。對於此事，各方都將離散部落視爲北魏歷史的重大發展，本文認爲此事件的重要性正在於此。

再論除母、妻族力量部份，先看一段歷史神話傳說：

> 初，聖武帝（拓跋詰汾）嘗率數萬騎田於山澤，欻見輜軿自天而下。既至，見美婦人，侍衛甚盛。帝異而問之，對曰：「我，天女也，受命相偶。」遂同寢宿。旦，請還，曰：「明年周時，復會此處。」言終而別，去如風雨。及期，帝至先所田處，果復相見。天女以所生男授帝曰：「此君之子，善養視之。子孫相承，當世爲帝王。」語訖而去。子即始祖也。故時人諺曰：「詰汾皇帝無婦家，力微皇帝無舅家。」〔註161〕

簡單質樸的神話傳說，除了宣揚拓跋詰汾與拓跋力微的神聖性以外，顯然意在爲「子孫相承，當世爲帝王」的世襲君主制宣揚。至於「無婦家」與「無舅家」，田餘慶之解讀是因有過事端所以「有意隱去與婦家、舅家的關係」。〔註162〕本文認爲可以更清楚指出，這根本是透過歷史記憶的塑造來輔助世襲君主制之建立。

去除婦家、舅家的想法不僅附著於歷史記憶，也具體表現於政治改革措施中，即是所謂的「子貴母死」：〔註163〕

> 初，帝（太宗拓跋嗣）母劉貴人賜死，太祖告帝曰：「昔漢武帝將立其子而殺其母，不令婦人後與國政，使外家爲亂。汝當繼統，

〔註161〕《魏書》卷1，〈序紀〉，頁2～3。
〔註162〕田餘慶，〈北魏后宮子貴母死之制的形成和演變〉，《拓跋史探》，頁16。
〔註163〕蔡幸娟，〈北魏立后立嗣故事與制度研究〉，《成功大學歷史學系立史學報》第16期（1990年3月）；張繼昊，〈北魏「子貴母死」問題的再探討〉，《空大人文學報》第12期（2003年12月），皆已有深入的關注討論。

故吾遠同漢武，爲長久之計。」帝素純孝，哀泣不能自勝，太祖怒之。〔註164〕

太祖意在建立君主繼承制度，以作爲政權長久穩固的基礎。爲達成此長遠的立國目標，遂打擊傳統部落中的母族力量。母族在傳統部落聯盟體系裡，包含了妻族與舅族，影響力與勢力皆非常強大而深入。因爲，在部落聯盟時期的婚姻是政治性婚姻，與拓跋部以外的部落聯姻，藉此通婚以維繫彼此部落勢力的平衡、串聯等。〔註165〕因此，在部落婚姻的傳統裡，〔註166〕后的角色至爲關鍵重要，其背後所屬部落族群的勢力往往介入政權內部甚深。這種情形證諸〈皇后列傳〉比比皆是，如始祖神元皇后竇氏、文帝皇后封氏、桓帝皇后祁氏、平文皇后王氏與獻明皇后賀氏等等。〔註167〕

正因爲母族力量在拓跋部落體系內動見觀瞻，所以，極有可能初行君主制的太祖想各種辦法來降低其影響力。例如有鑄金人之制的創設，「魏故事，將立皇后必令手鑄金人，以成者爲吉，不成則不得立也」。〔註168〕還有在〈皇后列傳〉中又載「魏故事，後宮產子將爲儲貳，其母皆賜死」。〔註169〕這些措施的出現，其目的就在「不令婦人後與國政，使外家爲亂」，進而達成君主體制的穩定發展。面對部落婚姻傳統與后族勢力的現狀，將其轉型爲君主帝國體制的過程，田餘慶的看法指出其中的要義：「道武帝如果因襲這一傳統，靠后族支撐自己的部落聯盟領袖地位，是可以辦到的；但是要靠它樹立一種超越一切之上的專制君權，卻是辦不到。道武帝必須有一個集中權力的過程，其中包括剝奪母后和母族權力，特別是母族干預拓跋事務的權力。」〔註170〕

總之，離散部落與除母、妻族力量，正表現出北魏拓跋政權向帝國體制、專制君主制的轉型。這些政治現象的背後，更重要的意義在於，重新塑造政

〔註164〕《魏書》卷3，〈太宗紀〉，頁49。《北史》卷1，〈魏本紀〉，頁26載：「初，帝母既賜死，道武召帝告曰：『昔漢武將立其子而殺其母，不令婦人與國政，汝當繼統，故吾遠同漢武。』帝素純孝，哀不自勝。道武怒。」

〔註165〕李明仁，〈拓跋氏早期的婚姻政策〉，《史原》第20期（1997年5月）。

〔註166〕《三國志》卷30，〈烏丸鮮卑東夷傳〉，頁832注引王沈《魏書》。

〔註167〕相關記載：神元皇后竇氏13／322、文帝皇后封氏13／322、桓帝皇后祁氏13／322～3、平文皇后王氏13／323、獻明皇后賀氏13／324等。

〔註168〕《魏書》卷13，〈皇后列傳〉，頁321。《北史》卷13，〈后妃列傳上〉，頁486所載類同。

〔註169〕《魏書》卷13，〈皇后列傳・道武宣穆皇后傳〉，頁325。《北史》卷13，〈后妃列傳上・道武宣穆皇后傳〉，頁493所載同。

〔註170〕田餘慶，〈關於子貴母死制度研究的構思問題〉，收入氏著《拓跋史探》，頁98。

治認同的新內涵。而且，這些並非只是政治層面的問題，而是牽扯著深刻的胡族部落文化傳統。所以，不易克服超越。

三、君主意識的演變

北魏拓跋政權之成立，很重要的一個確認政治認同指標就是君主意識的彰顯，它可能表現於君臣之間的互動、外交關係上、君主的稱呼與官僚的政治意識等。透過這個角度的長時間觀察，可看到北魏政權核心─君主地位之確立與其特質。

在早期未建國之前的部落聯盟時代，僅僅是國際競爭局勢中的一位諸侯：

> 苻堅遣使牛恬朝貢，令（燕）鳳報之。堅問鳳：「代王何如人？」
> 鳳對曰：「寬和仁愛，經略高遠，一時之雄主，常有并吞天下之志。」
> 〔註171〕

此時雖未具備君主之姿，但確是企圖邁向中原君主之位。時序至皇始元年（396年），角逐中原的最大競爭對手慕容垂死訊傳出以後，代人勳臣許謙遂推進落實君主體制：

> 秋七月，左（右）司馬許謙上書勸進尊號，帝始建天子旌旗，
> 出入警蹕，於是改元。〔註172〕

這是拓跋主初次實踐中原漢制君主的禮制儀式，想來對拓跋主而言必定是新經驗，更重要者在於，向廣大民眾宣告天下的領導中心已然確立。此種立於中央朝廷的宣示性觀點，所希望者當在於得到各民族群體的認同，視其為國家的中心。但是，北魏拓跋政權統屬民族複雜，當各有歷史傳統與政治傳統等，對君主之觀點便各有不同。

當北魏拓跋政權成立初期，可以發現北魏君主被官僚賦予的定位更加重要：

> 永興二年（410年）疾篤，（張袞）上疏曰：「……陛下龍飛九
> 五……然犬馬戀主，敢不盡言。方今中夏雖平，九域未一，西有不
> 賓之羌，南有逆命之虜，岷蜀殊風，遼海異教。雖天挺明盛，撥亂
> 乘時，而因幾撫會，實須經略。介焉易失，功在人謀。伏願恢崇叡
> 道，克廣德心，使揖讓與干戈並陳，文德與武功俱運，則太平之化，
> 康哉之美，復隆於今，不獨前世。」〔註173〕

〔註171〕《魏書》卷24，〈燕鳳傳〉，頁609。
〔註172〕《魏書》卷2，〈太祖紀〉，頁27。
〔註173〕《魏書》卷24，〈張袞傳〉，頁614。

張袞在終老疾篤之際表露的君主意識值得注意，他期許太宗承擔起統一九域和文武並用的經略使命。張袞應該是出身自胡漢混合區的燕州，他所展現的君主意識裡並無顯現胡、漢民族的區隔痕跡，他將君主看作是崇高而神聖的，看起來是相當傳統漢式的君主意識。從張袞之例所突顯者在於，漢人世界所形成的君主意識傳統，已經成為一穩定的政治結構延續發展下來，此一傳統能超越胡、漢民族的界線並成為民眾建立政治認同的重要憑藉。

就在張袞上疏之際，甫經元紹之逆事件的太宗因王洛兒、車路頭的保護而得以安全順利即位，因此，太宗發詔文表彰臣僚之行，無形中透露出此時君主自身的意識：

> （太宗即位）詔曰：士處家必以孝敬為本，在朝則以忠節為先，不然，何以立身於當世，揚名於後代也。散騎常侍王洛兒、車路頭等，服勤左右，十有餘年，忠謹恭肅，久而彌至，未嘗須臾之頃，有廢替之心。及在艱難，人皆易志，而洛兒等授命不移，貞操踰懇。雖漢之樊灌，魏之許典無以加焉。勤而不賞，何以獎勸將來為臣之節？〔註174〕

太宗站在君主為核心的思考，所要求於臣僚是要忠節忠謹，以維持君主權位的穩固。這樣的君主思考格局，僅局限於君臣之間單向關係的堅定，實即擔憂生命之安危與權位之穩固而已。相較於張袞所展露的君主意識，完全沒有其恢弘廣闊地思考政治社會全體的經略。

在太宗朝末期決定君主繼承一事上，胡、漢官僚群所呈現的君主意識亦可做比較：

> 太宗寢疾，問後事於（長孫）嵩，嵩曰：「立長則順，以德則人服。今長皇子賢而世嫡，天所命也，請立。」乃定策禁中。於是詔世祖臨朝監國，嵩為左輔。〔註175〕

> 太宗恒有微疾，怪異屢見，乃使中貴人密問於（崔）浩……浩曰：……萬歲之後，國有成主，民有所歸，則姦宄息望，旁無覬覦。此乃萬世之令典，塞禍之大備也。今長皇子燾，年漸一周，明叡溫和，眾情所繫，時登儲副，則天下幸甚。立子以長，禮之大經。若

〔註174〕《魏書》卷34，〈王洛兒傳〉，頁799~800。《北史》卷25，〈王洛兒傳〉，頁913~4無載此段詔文。

〔註175〕《魏書》卷25，〈長孫嵩傳〉，頁644。《北史》卷22，〈長孫嵩傳〉，頁806所載類同。

須並待成人而擇，倒錯天倫，則生履霜堅冰之禍。自古以來，載籍
所記，興衰存亡，尟不由此。〔註176〕

此事原是太宗以太子監國制輔助君權之穩固，以除卻部落兄終弟及遺制的影
響。對此事，長孫嵩的意見其實與崔浩意見是一樣的，即立嫡子。只是長孫
嵩所論內容較爲簡略，但崔浩則進一步指出「國有成主，民有所歸」，標誌出
君主之確立，關係著整個國家社會之穩定與認同目標。所以，就漢人崔浩立
場所持的君主觀點，視其爲國家社會之核心蓋可比擬，所持之重要性與意義
應是超過於長孫嵩之所持。

再看世祖時期臣僚的君主意識：

世祖之征（蠕蠕）也，（劉）潔私謂親人曰：「若軍出無功，車
駕不返者，吾當立樂平王。」潔又使右丞張嵩求圖讖，問：「劉氏應
王，繼國家後，我審有名姓否？」嵩對曰：「有姓而無名。」窮治款
引，搜嵩家，果得讖書。潔與南康公狄隣及嵩等，皆夷三族，死者
百餘人。〔註177〕

劉潔早期憑藉著軍功與忠誠於世祖而深受重用，「朝夕在樞密，深見委任」，
但是因其性剛直而「恃寵自專」。後來，他儼然成爲胡人官僚群的意見領袖，
位高權重的狀態使他企圖超越君臣間的固定關係。顯然，劉潔不願遵奉帝國
架構下的君主繼承體制以及君主的尊崇地位。

相對而言，高允對恭宗所展現的君主意識則頗有深義：

恭宗季年，頗親近左右，營立田園，以取其利。允諫曰：「天
地無私，故能覆載；王者無私，故能包養。昔之明王，以至公宰物，
故藏金於山，藏珠於淵，示天下以無私，訓天下以至儉。故美聲盈
溢，千載不衰。今殿下國之儲貳，四海屬心，言行舉動，萬方所則，
而營立私田，畜養雞犬，乃至販酤市鄽，與民爭利，議聲流布，不
可追掩。夫天下者，殿下之天下，富有四海，何求而不獲，何欲而
弗從，而與販夫販婦競此尺寸。」〔註178〕

高允顯然意在教育身爲儲副太子階段的恭宗，他認爲君主應該如天地般的無
私，才能包養全天下。高允認爲身爲國家核心之君主該有的人格高度，絕對

〔註176〕《魏書》卷35，〈崔浩傳〉，頁812～3。
〔註177〕《魏書》卷28，〈劉潔傳〉，頁689。
〔註178〕《魏書》卷48，〈高允傳〉，頁1071～2。

必須超越一己之私。所以，漢族士人高允所指陳的君主形象，具有高度的反省與克制精神。

再到高宗之時，高允又提出君主在文化層面的意義：

> 允以高宗纂承平之業，而風俗仍舊，婚娶喪葬，不依古式，允乃諫曰：……將由居上者未能悛改，爲下者習以成俗，教化陵遲，一至於斯。……爲政者先自近始。《詩》云：「爾之教矣，民胥效矣。」人君舉動，不可不慎。……今陛下當百王之末，踵昏亂之弊，而不矯然釐改，以屬頹俗，臣恐天下蒼生，永不聞見禮教矣。〔註179〕

君主甚至是一切教化禮俗演變趨勢的關鍵決定者，「爲政者先自近始」，負有文明盛衰起伏的重任。所以，漢族士人高允等於認爲君主是國家社會之運轉核心，有著無比重要性。

待至高祖時期，高閭與高祖所論之君主，則充分反映出高祖當時強烈的領導企圖心，以君主定位爲國家領導的核心：

> （高）閭對（高祖）曰：「臣聞：政者，君上之所施行，合於法度，經國治民之屬，皆謂之政；臣下奉教承旨，作而行之，謂之事。然則天下大同，風軌齊一，則政出於天子；王道衰，則政出於諸侯；君道缺，則政出於大夫。故《詩序》曰：『王道衰，政教失，則國異政，家殊俗。』政者，上之所行，事者，下之所奉。」〔註180〕

當時，高祖正籌劃於全面的改革，所以，與官僚高閭間頗多討論對政治與君主的定位與省思，這些應是當時高祖君臣間的共識。

至世宗以後，漢人士大夫所展現的君主意識，多以德治觀念爲主要的核心：

> 世宗初，（邢）巒奏曰：「臣聞昔者明王之以德治天下，莫不重粟帛，輕金寶。然粟帛安國育民之方，金玉是虛華損德之物。故先皇深觀古今，去諸奢侈。」〔註181〕

此一德治君主意識的普遍，應與高祖孝文帝推動的改革密切相關，故得以在漢人士族官僚圈擴散開來。

綜觀上述北魏拓跋政權成立以來君主意識的演進，雖討論範圍僅在君臣

〔註179〕《魏書》卷48，〈高允傳〉，頁1073～5。

〔註180〕《魏書》卷54，〈高閭傳〉，頁1304。

〔註181〕《魏書》卷65，〈邢巒傳〉，頁1438。

第三章　北魏的社會認同

　　拓跋胡族是政權的執掌者，政權的基礎是源自部落聯盟傳統，即使太祖拓跋珪曾經解散部落，但部落社會群體及其文化體系仍舊存在。因此，在北魏拓跋政權朝向帝國型態發展的過程中，對舊有部落社會的維繫與經營以及如何凝聚部落社會的認同，便顯得重要。因此，本章必須先討論「胡族社會的維繫」。

　　相較於胡族社會的性質，漢族社會的組成自有其型態與傳統。在與胡族社會接觸、互動過程中，如何演變、調整是值得關注的層面，因此，第二節討論「漢族社會的延續」。此外，士族素有強大的傳統與文化特質等，在漢人社會中已形成穩固的領導地位，他們在政治與社會領域的影響力始終存在。因此，本文試從共同體意識的角度加以解讀。所以，第三節討論「士族共同體意識」。

第一節　胡族社會的維繫

一、部落生活世界的演變

　　生活世界所指的範疇，包括該群體寄託生存的空間環境與相應於此外在環境而形塑與調整的文化體系。在拓跋胡族群體逐漸移徙進入中原區域的過程中，生活世界整體條件的改變幅度是相當巨大的，這個層面的改變對其社會群體之發展影響頗巨，值得關注與討論。

　　定都盛樂與平城（雲代區）以前，拓拔政權及其所屬部落聯盟生存於代北開闊的大草原區。在這樣的環境中，個人需要的是壯健的身體、優秀的騎

射技術與武勇的人格特質等，社會群體需要的是機動強大的戰鬥部隊、彼此緊密的部落關係與有效率的指揮領導等。如此條件的具備，在北方開闊競爭的大草原世界裏，部落聯盟政權才有可能得以生存下來。因此生活世界孕育出來的總體文化，可稱爲草原部落文化，或也等同於傳統習稱的游牧文化。這段生活經驗對北魏政權之所以重要，在於長久薰染於此生活世界中，使得草原部落文化深植於部落群體中，也融入每一胡族民的身體與心理中。即使後來生活環境逐漸轉變，但是，文化根源卻不是容易改變而捨棄的，因爲，原來的文化模式是維繫胡族社會群體認同與自我身份定位的關鍵樞紐。

胡族群體帶著舊有部落文化模式逐漸南下，隨著新接觸漢人、定居民族與不同於草原的生活空間環境，他們也相應地調整其文化體系的成分。築城，就是一個典型的事例。〔註1〕他們逐步的築城經驗，正反映出他們對定居生活的學習、接受與適應。這個層面的改變，代表他們對定居民族生活方式的接受並融入其文化體系中，但是，未必牴觸、放棄舊有的部落文化。由此可見其因應新生活世界的彈性適應力。

當遷都盛樂與平城以後，隨著胡族群體的進駐，這裡的生活空間開始被賦予拓跋政權勢力範圍的界線。此一生活世界的轉變，相較於以前游牧時代無邊境的開放空間與不斷遷徙的生活型態，可以想見胡族這個新世界比過去增加更多的政治意義與限制。外觀具體可見的改變，即他們開始與雲代區土地作相當程度的結合而大量減少遷徙。除了胡族群體以外，拓跋珪還遷來大量的移民強迫世代定居於王畿區，當時「禁制甚嚴，不聽越關葬於舊兆」。如此的政策當有其立意存在，企圖使胡、漢共同融合於雲代區，〔註2〕以重新打造一個新生活世界。此一龐大的構建工程，在累積頗多建設與經營的經驗之後，〔註3〕這個「代」地區成爲胡族群體孕育認同的空間舞台，所以，他們自稱「代人」，漢人也如此稱呼來標誌他們與漢人的不同。由此可見，「代」這個生活世界於胡族群體而言，相當重要的是彰顯出他們在此產生經驗、情感的累積與認同。毛漢光師曾提核心集團與核心區的論點，〔註4〕本文認爲這個

〔註1〕康樂，《從西郊到南郊》，〈導言〉，頁19～21。
〔註2〕康樂，〈拓跋魏的國家基礎〉，收入氏著，《從西郊到南郊》，頁104載：「拓跋統治者是希望他們從四方遷來的移民能生長於斯、老於斯、葬於斯，也就是說—成爲『代人』。」
〔註3〕李憑，〈道武帝時期的移民與雁北的開發〉，收入氏著，《北魏平城時代》。
〔註4〕毛漢光師，〈北魏東魏北齊之核心集團與核心區〉，收入氏著，《中國中古政治

層面的因素是相當重要而可加以補充的。

　　「代」這個生活世界的具體範圍，大概就是以平城為中心的方圓千里之地，包括畿內區與甸服區。〔註 5〕這畿內區差不多涵蓋平城附近與今天整個桑乾盆地區域，直屬拓跋政權中央政府居住與控制。在畿內區外圍就是「四方四維」的甸服區，這個範圍的東西面較畿內區更加寬廣，這是拓跋部落聯盟所屬各部落分配的活動區域。

　　畿內區與甸服區的地理條件是農與牧的重疊區，也是仍然適合狩獵、游牧的地域。抉擇這樣的生活世界來開始定居，必定是適合於拓跋族等胡族群體原有的生存模式。〔註 6〕因為，他們原本生活在大興安嶺森林地區以狩獵與游牧為生，逐漸南遷至開放的草原區域以後，漸以游牧為主並開始兼營農業的生存方式，但是，狩獵的生存技能並未放棄掉，只是逐漸調整出與環境最適應的生活方式。因此，「代」之畿內區與外圍甸服區，為擅長射獵與兼營牧、耕的拓跋族等群體所能適應與喜愛而願意長久居住。〔註 7〕這一大片生活世界的自然地理條件，與拓跋族等胡人群體的生活習俗是互相適合的，所以，自然胡族群體長期依戀、認同於這片土地。

　　這種對環境長時間的適應過程所產生的生活慣性，有著強大的制約能

史論》（台北：聯經出版事業公司，1991 年 4 月第二次印行），頁 33～34 指出北魏政權結構建立出拓跋氏核心制度，「環繞著此核心向外依親疏、婚姻、功勳等因素，有一圈圈的同心圓，此核心人物的組成，與核心地區之選定，是拓跋氏能在複雜的民族、環境之中，其勢力綿延將近二百年的主因」。

〔註 5〕　《魏書》卷 110，〈食貨志〉，頁 2850 記載：「天興初，制定京邑，東至代郡（今河北蔚縣），西及善無（今山西右玉），南極陰館（今山西代縣西北），北盡參合（今山西陽高北），為畿內之田；其外四方四維（甸服區）置八部帥以監之。」

〔註 6〕　毛漢光師，〈從考古發現看魏晉南北朝生活型態〉，收入宋文薰、李亦園、許倬雲、張光直主編，《考古與歷史文化—慶祝高去尋先生八十大壽論文集（下）》（台北：正中書局，1991 年 6 月）。文中指出陰山山脈可能是中古農、畜牧業的重要分界線。山脈以北是畜牧業地區，農業恐怕很少。山脈以南是適宜於農耕業，也是優良的畜牧區，所以是農牧業重疊區。盛樂、平城二都就是位處於農牧業重疊區，宜農亦宜牧。所以北魏政權甚早移居此一地區，就其原本擅長的畜牧技能而言，應該就是能與生活環境條件結合。但是，愈往南下地區所發現的考古情況，雖然一樣適宜於農牧，但是已經呈現出偏重於農業的生活型態。

〔註 7〕　李憑，〈北魏平城政權的發展軌跡〉，收入氏著，《北魏平城時代》（北京：社會科學文獻出版社，2000 年 1 月第 1 版），於頁 6 對此情況的解讀著重於集權政治力的影響，認為：「從部落聯盟轉化為封建集權政權，從游牧轉向農耕，對於一向馳騁於大草原的拓跋所部各部來說是翻天覆地的變化。」

力，生活成長於此環境中的民族難以突破這個穩定、無形的框架。除了孕育出穩定的生活習性以外，還在此環境中確認他們的社會歸屬群體與自我定位的標準。因此，當後來高祖大舉遷都南下洛陽時，等於是打破穩定的、舊有的生活習性與文化體系。於人情本性而言，這些代人的輿情反映出「戀舊」或「戀本」是相當自然的。這個「舊」與「本」的真正意思，應該就是制約代人的穩定、無形框架，也就是他們原本的生活習性與文化體系。此一巨大轉變下，最真實、典型的例子就是太子恂：

> 恂不好書學，體貌肥大，深忌河洛暑熱，意每追樂北方。〔註 8〕

雖然只是簡略記載，但可合理推測太子恂「不好書學」、「深忌河洛暑熱」與「追樂北方」的情況，正是習於代區生活慣性的強大制約力，並不願意融合、調適進入洛陽這個新生活世界。

上述環境與人民生活緊密互動的結果，正面者有助於凝聚民族群體的社會認同與政治認同，負面者則抗拒政治社會的變遷，甚至形成反抗對立的力量。〔註 9〕但，超越個別民眾生活經驗、感情的層次，將此事提升到北魏拓跋政權的生存層面來觀察，雖已遷徙至頗能相適應的農牧重疊區，仍面臨極大困境。〔註 10〕再就其當時主要統治對象的北方漢人社會而言，等於是位居偏北地區而企圖控制南方中原區，顯然是極為不合理的統治形勢，然尚能依賴強大的軍事戰鬥力而維持表面的統治。但是，觀察於北魏拓跋政權不斷的征戰拓地於黃河區域，卻又呈現出不協調的發展趨勢。即政治軍事中心依然在北邊雲代地區，而社會經濟中心逐漸南移擴展。因此，這樣的發展趨勢終究

〔註 8〕 《魏書》卷 22，〈孝文五王列傳·廢太子恂傳〉，頁 588。

〔註 9〕 王仲犖，《魏晉南北朝史》下冊（上海：上海人民出版社，1980 年 12 月第 1 版），頁 543 指反對高祖改革者為保守派：「他們認為鮮卑貴族之所以能夠統治中原，就是因為鮮卑人民勇悍善戰，馬背上的生活方式和戰鬥方式的一致。倘若南遷洛陽，由於生活方式的轉變，鮮卑人的氣質，也會一天天變成脆弱，失去過去強悍善戰的性格和習慣，反而不能統治漢族。同時黃河中下游的氣候比塞上要熱，鮮卑人不服水土，死亡率一定會很高。」

〔註 10〕 李憑，〈道武帝時期的移民與雁北的開發〉，《北魏平城時代》，頁 363〜4 指出：「雁北的土地資源有限，氣候狀況偏於寒冷，四面環山的地理使社會經濟的進一步發展受到很大的限制，更主要的是古代的生產力水平低下，以大同盆地當時的自然條件養育 150 萬人口已呈飽和狀態。因此，稍遇社會動亂或自然災害，就無法容納已經飽和的人口，而迫使災民流散。所以，在道武帝的大移民過後，雖然又有多次大的移民運動，但也出現了多次大的人口流散現象。」

又產生了困境，太宗神瑞二年（415 年）在畿甸區的雲代產生飢荒，太史令王亮等勸魏主遷都於鄴，崔浩與特進周澹提出反對：

> 今國家遷都於鄴，可救今年之飢，非長久之策也。東州之人，常謂國家居廣漠之地，民畜無算，號稱牛毛之眾。今留守舊都，分家南徙恐不滿諸州之地。參居郡縣，處榛林之間，不便水土，疾疫死傷，情見事露，則百姓意沮。四方聞之，有輕侮之意，屈丏、蠕蠕必提挈而來，雲中、平城則有危殆之慮，阻隔恒代千里之險，雖欲救援，赴之甚難，如此則聲實俱損矣。今居北方，假令山東有變，輕騎南出，燿威桑梓之中，誰知多少？百姓見之，望塵震服。此是國家威制諸夏之長策也。……太宗深然之，曰：「唯此二人，與朕意同。」〔註11〕

在此，相對於南方的漢人世界，充分反映出胡族北方生活世界的各項問題或是限制所在，包括胡族人口少、南方環境適應、空間的掌控與北方的外患威脅等。所以，崔浩所論是切中定都平城之北魏拓跋政權的基本特質與限制，太宗拓跋嗣深以爲然。崔浩所指北魏拓跋政權現有生活世界形成的局限，其實，稍加回顧拓跋政權南向發展立國方針的確立，正是前後符合的因果關係。此一局面長此以往，終難使新創的政治社會體持續發展，積壓於底層的大問題終待有勇氣、魄力的高祖才面對解決。

此外，再就北魏國政之發展與民族空間分佈的角度來觀察生活世界的改變。如本節開頭所說明，北魏拓跋政權之部落民主要分布於北方的畿內區與外圍的甸服區，而漢人分布於更南邊的廣泛鄉里村落。如此的民族空間分佈，當是北魏拓跋政權考量安全維護與維繫部落民的傳統關係，僅以少量地方首長與軍隊派駐於地方進行統治。如此一來，胡族民大多集中於中央區，其餘僅以稀疏的點狀分布與漢人接觸，自然難以與漢人社會產生密切的聯繫接觸，更無論於產生對彼此認同的機會了。若就畿內區被強制遷徙的移民來說，是北魏拓跋政權爲有效控制人力資源與社會勢力的強制性措施。對被遷徙的各族人民而言，恐怕也難以接受如此強制性的空間分佈控制。

此外，在北魏拓跋政權的生活世界裡，在社會人文層面也有著複雜的變化，這個層面牽連的政治社會情勢更爲直接而衝突。就北魏拓跋政權演進的大趨勢來看，北方的民族關係雖然是頗爲複雜，但終究是在北方穩定的環境

〔註11〕《魏書》卷 35，〈崔浩傳〉，頁 808。

結構中共同生存，所以，終究走向共同生存與程度不一的融合。〔註12〕但是，在這演變過程中的變化頗爲複雜，有兼併、擄掠、投靠或是離散等等，《魏書·官氏志》記載拓跋部：「自後兼并他國，各有本部，部中別族，爲內姓焉。年世稍久，互以改易，興衰存滅，間有之矣。」正是此人群組合變化層面的反映。早期史料殘缺所知其實有限，即使就考古挖掘報告來看，也只是反映多民族並存的生活狀況而無法得知演變的狀況。〔註13〕

在如此環境情勢下，人群的組合不斷變化或是重組，自然不易產生群體之認同。因此，獻帝拓跋隣採取寬鬆的民族界線「七分國人」並編成帝室十姓之舉，是一極具意義的舉動。這是擴大並穩定其部落聯盟成員範圍的措施，正是爲適應此一大環境條件而設計的，企圖由此凝聚出群體的認同感並穩定政權的基礎。因此，這新編成的部落聯盟群體有相當的人爲意志，也就是當時部落聯盟群體主觀認定所謂「國人」的基本範圍。〔註14〕因此，當時應是以編入部落聯盟爲認定標準，並由此來區別其他的民族、部落等爲「非國人」。

後來，區分「國人」與「非國人」群體的界線，就史料所見實爲不清楚。但是，此一區分群體的現象始終存在於北魏社會，這是一個值得關注的現象。其中，群體區分的關鍵，主要是主觀的認定、認同，所依據者在於該群體之生活經驗與情感等。因此，代表著北魏拓跋政權胡族我群與他民族他群之間始終存在著不同的認同、歸屬範圍。如此的發展趨勢，在擴大開放吸收更多民族的同時，此一「國人」的概念即是界限之所在，即是認同的標的，必有足以產生認同的具體內涵。因此，「國人」此一看似抽象的名詞，在精神層面上能夠產生凝聚、收縮群體共識的作用。如此重要的人群組合現象，在北魏時期依然容易觀察得到：

> 乃簡國人尤貧者詣山東三州就食。（胡三省注：拓跋氏起於漠北，統國三十六，大姓九十九。道武旣幷中原，徙其豪傑於雲、代，與北人雜居，以其北來部落爲「國人」。）〔註15〕

〔註12〕田餘慶，〈代北地區拓跋與烏桓的共生關係〉，收入氏著，《拓跋史探》，頁188～9。

〔註13〕分見曾庸，〈遼寧西豐西岔溝古墓群爲烏桓遺迹論〉，《考古》1961 年第 6 期；宿白，〈東北、內蒙古地區的鮮卑遺迹〉，《文物》1977 年第 5 期以及〈盛樂、平城一帶的拓跋鮮卑—北魏遺迹〉，《文物》1977 年第 11 期。

〔註14〕康樂，〈"帝室十姓"與"國人"〉，收入氏著，《從西郊到南郊》，頁47～52。

〔註15〕《通鑑》卷117，〈晉紀39〉，安帝義熙十一年九月條，頁3681。《魏書》卷3，

　　　　魏主（世祖）遺（臧）質書曰：「吾今所遣鬪兵，盡非我國人，
　　（胡三省注：國人，謂與拓跋氏同出北荒之子孫也。）城東北是丁
　　零與胡，南是氐羌。」〔註16〕

胡三省注意到此一重要現象。雖然他指「拓跋氏起於漠北」是有待商榷者，
但是，明確指出「北來部落」進入雲代地區者以及後來之子孫，即北魏政權
之「國人」群體。據此相對而言，其他的中原豪傑或是世祖所稱的丁零、胡
與氐羌即是「非國人」。

　　進一步觀察如此的人群組合結構，卻也是不同群體間產生嚴重衝突的關鍵：

　　　　（拓跋）六脩之逆，國內大亂，新舊猜嫌，迭相誅戮。（衛）
　　雄、（姬）澹並爲群情所附，謀欲南歸，言於眾曰：「聞諸舊人忌新
　　人悍戰，欲盡殺之，吾等不早爲計，恐無種矣。」晉人及烏丸驚懼，
　　皆曰：「死生隨二將軍。」於是雄、澹與劉琨任子遵率烏丸、晉人數
　　萬眾而叛。〔註17〕

可知即使沒有「國內大亂」，已經存在著「舊人」與「新人」之別，只是現存
秩序的瓦解促使雙方衝突直接爆發。可以推知此處所謂「舊人」即其他處所指
的「國人」，唐長孺也已考訂「舊人」就是指拓跋本部人與聯盟部落的部民，「新
人」就是指未編入部落聯盟的漢人及烏丸。〔註18〕此「舊人」與「新人」之區
別，即是拓跋部落我群與他群之區別。由此來觀察，拓跋部落聯盟雖然採取寬
鬆界線，便於對外吸收更多成員以壯大勢力，但在其社會內部卻存在著明確的
群體界線，新加入者未必能成爲其群體成員，甚至激發衝突成爲敵對者。

　　此事發生於穆帝拓跋猗盧之時，正是拓跋政權往南拓展大有所獲的階段。
此時四世紀初的中原正大亂，所以，居住在山西、河北沿長城地帶的雁門、代
郡與上谷等地的晉人（漢人）爲避戰亂而投入拓跋政權。此外，也有諸方雜人
來附的烏丸來加入，〔註19〕他們與晉人的角色對於拓跋部落聯盟圈內的族人而
言，這些是「新」群體非其「舊」有部落聯盟成員，自然被稱爲「新人」。

　　〈太宗紀〉，頁55記載：「京師民飢，聽出山東就食。」《魏書》卷35，〈崔浩
　　傳〉，頁808記載：「分民詣山東三州食，出倉穀以稟之。」
〔註16〕《通鑑》卷126，〈宋紀8〉，文帝元嘉二十八年正月條，頁3963～4。
〔註17〕《魏書》卷23，〈衛操傳〉，頁602～3。
〔註18〕唐長孺，〈拓跋國家的建立及其封建化〉，收入氏著，《魏晉南北朝史論叢》，
　　頁198～201。
〔註19〕《魏書》卷113，〈官氏志〉，頁2971。

　　或許，拓跋政權下的社會群體不斷流動、重組或是變更，已非昔日「國人」概念可以涵括了。現實環境複雜的利害衝突產生，遂使位居穩定多數的拓跋族人備感威脅與地位不穩，所以，「新舊猜嫌，迭相誅戮」的悲劇便容易出現。這種現象的形成，田餘慶已指出當時複雜的政治、民族環境及糾結的政治鬥爭背景，〔註20〕除了這些現實利害關係的層面以外，本文認爲還須注意更恆久穩定的層面，即拓跋部落民族自我意識之強烈與排外。此一我族認同的社會組成動力，是其政權穩定壯大之依賴，但也是其不穩定的因子。

　　後來，當時空環境轉變至太祖拓跋珪末年，仍然出現強烈地維持我族中心之認同並迫殺其他民族：

　　　　初，慕容破後，種族仍繁。天賜末，頗忌而誅之。時有遺免，不敢復姓，皆以「興」爲氏。延昌末，詔復舊姓，而其子女先入掖庭者，猶號慕容，特多於他族。〔註21〕

直到世宗拓跋恪末期「詔復舊姓」，此即恢復慕容氏子孫之身分認同。在其「不敢復姓」的漫長時期，正反映出社會內部民族衝突之激烈與拓跋部落民之強勢。此「忌而誅之」現象背後，正是拓跋部落民對慕容部落民的排斥，也就是「舊」、「新」區分思維之具體表現。

　　至太宗初期，仍然可從朱提王悅的言行表露出「舊」對「新」的強烈排斥：

　　　　太宗即位（409 年），引悅入侍，仍懷姦計，說帝云：「京師雜人，不可保信，宜誅其非類者。又雁門人多詐，并可誅之。」欲以雪其私忿，太宗不從。〔註22〕

所謂「京師雜人」即諸方來附者，也被視爲「非類者」，即不同於其「國人」者。在此，仍然展現區分的意識。「雜人」語意是相對於「國人」，則「國人」所指有著「純」的意味。其實，這是非常強烈的群體區分現象，視他群體爲非「純」者。此事代表的意義是，統於北魏拓跋政權下的拓跋等胡族群體與其他民族間仍舊存在著清楚的界線，形成爲社會人群組合的明顯特質。

　　此一「舊」「新」區分社會群體的深刻性與影響性，在上述北魏前期的事例中有著充分的表露。可以想見的，此一驅動社會群體的動力是強大而普遍的，仍可在政治社會各層面中發現持續的出現，如：

〔註20〕田餘慶，〈代北地區拓跋與烏桓的共生關係〉，收入氏著，《拓跋史探》，頁193～5。
〔註21〕《魏書》卷50，〈慕容白曜傳〉，頁1123。
〔註22〕《魏書》卷15，〈昭成子孫列傳·朱提王悅傳〉，頁381。

　　（永興五年413年）置新民於大寧川，〔註23〕給農器，計口受田。〔註24〕

　　（神䴥二年 429 年）冬十月，（北伐蠕蠕）振旅凱旋于京師，告於宗廟。列置新民於漠南，東至濡源，西暨五原、陰山，竟三千里。〔註25〕

　　　既克蒲坂，世祖以新舊之民并爲一郡，（薛）謹仍爲太守。〔註26〕

或許可以說，即使北魏拓跋政權不斷拓展，統有更多民族，在統治的層面上都反映出區分新舊之民的基本原則。這個狀況之不斷產生，當是拓跋政權因應於現實狀況的處理而來。所以由此而論，可謂拓跋政權的社會群體特質深刻影響政治統治的抉擇，遂也反映於社會人文現象上。這個現象的存在，應該是自拓跋政權成立前即已開始，待至高祖太和年間李沖提出三長制之時，仍舊存在此一現象：

　　　咸稱方今有事之月，校比民戶，新舊未分，民必勞怨，請過今秋，至冬閒月，徐乃遣使，於事爲宜。〔註27〕

當時討論實施統一的賦稅制度三長制，欲實施於全天下，但以胡族爲多數的官僚群多強調「新舊未分」此一重要因素，可見這一現象仍然存在，且多強調在新政策上必須作「新」「舊」之分。

　　對於北魏拓跋政權而言，部落社會體終究是其主要的基礎，最需得到他們的忠誠支持與認同，所以，即使不斷擴展吸收新民族加入，仍然必須優先維繫好部落民的情感與認同。此一基本考量是北魏拓跋政權難以捨棄的立場，否則難以穩定政治社會體。即使是自然、人文環境改變，恐亦難以改變的。故，進入中原地區以後，無論主觀感受如何，自然環境由農牧重疊區逐漸往農業區轉移，整個政治社會環境包含胡、漢兩大民族成分。外在環境往往雖已改變，身處其中的人也或多或少地調適、面對新環境，但是，當遭遇

〔註23〕嚴耀中，〈“新民”的實質〉，收入氏著，《北魏前期政治制度》，所指新民，主要是指新歸附或新遷徙進入拓跋政權下的人民，尤其是指進入平城地區。該文從北魏統治手段的角度而立論，印證於所引史料的確相符，但本文所論層面在認同概念的人文現象。

〔註24〕《魏書》卷3，〈太宗紀〉，頁53。

〔註25〕《魏書》卷4上，〈世祖紀〉，頁75。

〔註26〕《魏書》卷42，〈薛辯傳〉，頁942。

〔註27〕《魏書》卷58，〈李沖傳〉，頁1180。

問題觸及舊有深度認同時，恐怕也是難以跨越。

綜合觀察北魏政權生活世界的改變，在優先安置部落民的決策下，雖穩定了政權基礎，但也限制住後來國政的擴展，甚至成為對抗的一股力量。在國境空間的積極開拓上，顯現出北魏政權建構政治認同的企圖心。然而，社會內部人文環境的困境，卻非憑藉軍事武力開拓國境般容易，主因在於社會深度結構使然。

二、部落組織與國體結合

在上述北魏拓跋政權新建立的生活世界，地理空間即指畿內區與甸服區。至於組成社會群體的主要對象，雖經過離散部落措施，仍舊是以拓跋部與部落聯盟群為主體。事實上，若回歸到部落時代，這些部落組織本來就是與政治軍事組織合為一體的。而且，早期的社會組織型態，可能是具有血緣、地緣關係的人群所共同構成。先有接近家庭性質的一個個「落」，然後聚結成規模較小的「邑落」，再結合為規模更大「部」，一個部可能有幾百至上千個落。〔註28〕這些不同層級而具有多項功能的部落組織即其社會組織，也是部落民歸屬認同的群體組織。如今，甚少相關文字記載而難以得知具體的狀況，僅能依據正史些微的記載略作推論。據史所載，在部落聯盟體系內都是以部落為單位，而產生彼此各種關係的聯繫，例如：「積十數歲，德化大洽，諸舊部民，咸來歸附」；「諸部離叛，國內紛擾」；「凡後期者皆舉部戮之」；「諸部人情未悉欸順」等。

綜合上述記載來觀察，部落組織是政治軍事力指揮、操控的單位，也是人群社會重組的單位，因此，部落民是從屬於部落組織而展開各種行動的。可見，大大小小的部落組織，在其社會內扮演極為重要的角色。雖然，部落聯盟發展過程遭遇戰爭、內爭或是反叛而反覆出現分分合合的現象，但是，正因如此動盪環境，他們必須著重加強彼此緊密關係的機制與凝聚感情認同的儀式，如此才能組織動員部落社會群體的力量。

這些部落組織得以不斷重新組合起來，延續其組織體的政治力與社會力，一個很重要而不變的基礎條件就是語言：

> 魏氏遷洛，未達華語，孝文帝命侯伏侯可悉陵，以夷言譯《孝

〔註28〕鄭欽仁等編著，《魏晉南北朝史》（台北：國立空中大學，1998年8月初版），頁279。

經》之旨，教于國人，謂之《國語孝經》。〔註29〕

可見在平城百年期間，胡族群體間是通行原來的鮮卑語。後來，孝文帝推漢化下令禁北語，便是針對此現狀而發。更具體的語言流通狀況是在軍隊組織裡：

> 後魏初定中原，軍容號令，皆以夷語。〔註30〕

北魏軍隊本是自部落組織轉型而來，所以，自然持續熟悉的鮮卑語而凝聚摶成爲一緊密的共同體。更重要者，透過語言聲音的歌唱而傳承歷史文化：

> 凡樂者樂其所自生，禮不忘其本，掖庭中歌〈眞人代歌〉，上
> 叙祖宗開基所由，下及君臣廢興之跡，凡一百五十章，昏晨歌之，
> 時與絲竹合奏。郊廟宴饗亦用之。〔註31〕

可以想見，〈眞人代歌〉傳唱「祖宗開基所由」與「君臣廢興之跡」，正是扮演著凝聚、塑造胡族群體的歷史記憶，這些是部落組織最大的文化資產，也是維繫胡族群體彼此認同的重要傳統。

在北魏拓跋政權成立初期，太祖曾經數次改造這個傳統部落聯盟組織，即所謂的解散部落。所謂「解散」，最主要的意義在於國家政治力支配行使，這些被解散的部落組織成爲編入國家體制內的編戶。也可以說，他們新增加了北魏政治社會體制下的身分。但是，相對於新政治社會體的成立，他們卻面臨舊有組織瓦解的嚴重危機。〔註32〕就維持社會組織的多樣運作功能而言，北魏拓跋政權必須以各種儀式祭典以取代舊有組織的功能，此點稍後於第三部份討論。

因此，事實上北魏帝國體制下仍然存有傳統的部落組織體，這些部落群體正是其政權最重要的政治軍事依賴之所在。〔註33〕關於此一政權基礎的發

〔註29〕 《隋書》卷32，〈經籍志一〉，頁935。
〔註30〕 《隋書》卷32，〈經籍志一〉，頁947。
〔註31〕 《魏書》卷109，〈樂志〉，頁2828。
〔註32〕 康樂，〈孝道與北魏政治〉，《從西郊到南郊》，頁268討論此一危機，「氏族在北亞游牧社會可說是一個最具樞紐性的、凝聚人群的單位，因爲它能提供游牧民最基本的宗教、防衛與生計的需求，其重要性實相當類似於宗教在漢人社會裡所扮演的角色。此一共同體的崩潰，其嚴重性是可想而知的」。
〔註33〕 谷川道雄著，李濟滄譯，〈北魏的統一過程及其結構〉，收入氏著，《隋唐帝國形成史論》（上海：上海古籍出版社，2004年10月第1版），頁100記載：「北魏對華北的統治有著十分濃厚的軍事色彩，其軍隊主力爲北族系兵士。……北族兵及其統率者們可以說是國家的柱石，作爲近衛軍士的羽林兵名譽極高，地方州鎮的北族兵的地位也與之類似。……可以看到作爲戰鬥共同體的

展至爲重要，李亞農也指出部落組織體仍然延續存在於北魏政權體制下，只是部落組織轉爲國家軍事體制所吸納整編。〔註34〕尤其是直屬中央的中央軍最爲重要，應該主要是由原來畿內的拓跋部落民所組成，負有保衛皇室中央的責任。而且，這支中央軍由北魏君主直接統帥指揮：

> （永興）五年（413年）春正月己巳，大閱，畿內男子十二以上悉集。……庚寅，大閱於東郊，部署將帥。以山陽侯奚斤爲前軍，眾三萬，陽平王熙等十二將，各一萬騎；帝臨白登，躬自校覽焉。〔註35〕

這支中央軍也是太祖、太宗與世祖時期帶領著四處征戰的主要部隊，拓跋君主在戰陣之中的角色仍然如同傳統部落大人。由此可見，傳統的部落組織已規劃設計爲國家軍隊，但仍以部落型態爲組織基礎。如此設計的關鍵，在北魏拓跋政權必須延續他們游牧之武勇文化、感情與功能，必須依賴其強大的戰鬥力。所以，從這個實質的文化面來觀察的話，傳統部落組織的力量與精神是延續發揚的。

因此，本文認爲拓跋等胡族傳統的部落社會組織型態，是以發揮游牧武勇文化、感情與功能而存在著，並已結合於北魏的帝國體制中，如此也才能繼續維繫部落社會之認同。以下嘗試從這個層面進一步深論推演之。

一般而言，古代人類的生存方式多是相應於自然環境而逐漸塑造出來的。在生存條件的限制下，進而產生專長的生存技能，由此長期累積產生的各種共同生活經驗便成爲其團體成員的生活文化標誌。團體成員得以產生認同感，多是由此現實經驗的磨練而產生。更進一步地發展就是，透過儀式化的設計使共同生活經驗的內涵固定化、具體化，企圖傳承、教導給後代的子孫。如此不僅完成生活經驗的教授，更是以非文字方式完成歷史文化的傳承，自然凝融出團體成員的一致感。

北魏拓跋政權南下中原後，不僅佔領土地而且逐漸進入農業區，但生存的基本模式概略相同。除了自身原有的牧業基礎以外，往往又依靠對其他游牧民

部落聯盟國家的遺影。拓跋國家試圖擺脫部族制的結合，斷然實行部落解散，作爲部落聯盟國家的擬制而臨時採用的八國（部）制在慢慢縮小、消亡。儘管如此，國家仍然是由帶有濃厚北族因素的軍事體制支撐的，雖然在某種程度上走出了五胡十六國的階段，但在本質上還不能說克服了種族障礙。」

〔註34〕李亞農，《李亞農史論集》上冊（上海：上海人民出版社，1978年初版），〈拓跋族的前封建制〉，頁382載：「一個部落單位，同時也是一個軍事單位。一個部落的首長，就是這個部族的軍事統帥。」

〔註35〕《魏書》卷3，〈太宗紀〉，頁52。

族與中原農業區的掠奪來補強經濟需求的不足。雖然，北魏拓跋政權進入中原以前便能兼營牧業與農業，但畢竟由牧業經營所產生的相關技能才是其主要專長。由此來說，牧業經營、狩獵與掠奪是其部落群體牟取生存的共同生活經驗，並在此過程中磨練出專業化的軍事戰鬥技能及其相應的生活文化。

黎虎先生撰有〈北魏前期的狩獵經濟〉〔註36〕一文，認爲狩獵活動帶有軍事、娛樂目的以外，更重要者在於經濟上補充資源的功能。〔註37〕本文認爲尙有可進一步說明、探討的空間。根據上述基本立場的認識，北魏前期仍然維持著軍事性的狩獵活動，除了經濟資源的獲取以外，更重要者恐怕是維持原有戰鬥生存技能，並藉以傳承生活經驗與共同的記憶，進而凝聚胡族部落群的認同感，因此，將這些經驗、技能創造轉化爲國家宴會式的訓練、射獵等儀式性活動。以下嘗試加以闡述。

在拓跋部落建國以前，首先將彼此豐富、熟悉的戰鬥生活經驗具體化爲宴會或是儀式活動，始於昭成帝拓跋什翼犍：

> （建國五年）秋七月七日，諸部畢集，設壇埒，講武馳射，因
> 以爲常。〔註38〕

當然，這個「講武馳射」的宴會活動並非純粹只有休閒娛樂功能，更重要者在於彰顯拓跋君主在部落聯盟的領導威權地位，故要求「諸部畢集」。在這個既嚴肅且有娛樂的場合裡，可使分散各地的部落交流情誼並凝聚共同感以外，又彼此較量最熟悉的戰鬥技能藉以提倡、維持部落的戰鬥力。因此，這個七月七日講武馳射活動的設計具有多項功能，是游牧部落生活的指標性象徵。〔註39〕此後，這個強調軍事戰鬥技能的傳統也被建國以後的諸位皇帝所遵行。

因仍舊延續部落時代的習性，北魏君主常是機動性移動的，故隨所到之處便舉辦講武馳射活動。爲維繫軍人的體能、戰鬥力，在沒有戰爭之時便以大型的狩獵活動來取代訓練或是磨練戰爭技巧，所以，「大蒐」、「大獮」、「大狩」與「校獵」等狩獵活動頻頻出現於《魏書》的本紀裡，這些活動都極具

〔註36〕 黎虎，〈北魏前期的狩獵經濟〉，收入氏著，《魏晉南北朝史論》（北京：學苑出版社，1999 年 7 月北京第 1 版），原刊於《歷史研究》1992 年第 1 期。

〔註37〕 劉美雲、魏海清，〈狩獵習俗對北魏前期政權的影響〉，收入殷憲主編，《北朝史研究：中國魏晉南北朝史國際學術研討會論文集》（北京：商務印書館，2004年 7 月第 1 版），此文亦從經濟的角度加以詮釋。

〔註38〕 《魏書》卷 1，〈序紀〉，頁 12。

〔註39〕 此點在本節第三部份「祭典儀式的凝聚功能」做進一步的討論。

部落生活傳統的意義。況且，大型的狩獵活動又能補充食物來源，故北魏拓跋政權前期頗喜於從事「大蒐」等活動。

這個游牧部落的狩獵傳統應是其他游牧部落所熟知的：

> （神麚四年 431 年）十一月丙辰，北部救勒（頁 635 載「高車」）
> 莫弗庫若于，率其部數萬騎，驅鹿數百萬，詣行在所，帝因而大狩
> 以賜從者，勒石漠南，以記功德。〔註40〕

所以，附國的救勒「驅鹿數百萬」以配合大狩活動，由此可看到當時由世祖親自領軍狩獵活動規模之龐大。這樣大群體的組織活動，必有多項功能存在的。我們可以如此說，雖然拓跋政權已轉型爲帝國體制，但部落時代極具多項現實功能的部落軍事傳統仍然延續應是無可置疑的。

由上述簡略的討論可見，源自部落傳統文化而產生「講武馳射」與狩獵活動的軍事傳統，正是拓跋胡族群體社會維繫彼此認同的最重要方法，且其優異之處在於相當融入北魏帝國的軍事體制中。又，伴隨這些軍事活動而來的「賞賜」，對部落社會而言，是另一項達成胡族社會體上下之間聯繫作用的機制，這也是延續自傳統部落聯盟時代的生活習性。

通常拓跋君主帶領全部落聯盟對外爭戰，獲得豐厚的資財，就其部落觀念而言，資財是屬部落全體的財產。但，因已形成上下階層的領導支配關係，所以，透過從上到下的「賞賜」機制而轉給予部落成員。透過如此勞務與物質的交換關係，使得拓跋部的領導地位得到各部落持續的忠誠與支持。豐厚物質賞賜的意義，已不只是利益的平衡、贈與而已，更重要者在於其所表徵出來的社會文化意義。對於拓跋君主來說，透過對臣下的賞賜，這是身爲領導者的義務，也是能維繫領導地位的指標性工作。對於胡族部落民來說，透過賞賜儀式的受贈，使得他們感覺融會爲一個共同體。這個機制的功能除了資財的獲取以外，更重要者在於部落社會網絡的持續發展，也促進其社會結構的穩定存在。

其實「賞賜」一辭應該是以漢人觀念來詮釋的，頗有君對臣、上對下的意味。若將此事回歸於游牧部落社會來解讀，應可說是「分享」，〔註41〕或如宮崎市定所言：

〔註40〕《魏書》卷 4 上，〈世祖紀〉，頁 79。
〔註41〕逯耀東，〈北魏前期的文化與政治型態〉，收入氏著，《從平城到洛陽》（台北：聯經出版事業公司，1979 年 3 月初版），頁 44。

在胡族國家裡，執政者是宗族的代表，國家不是執政者的私有財產，而是宗族全體成員的共有財產，這種思想意識根深蒂固。〔註42〕由此而論的話，北魏前期頻繁「賞賜」的意義，即在於共享共有的財產。在這些「賞賜」活動過程中，胡族群體的認同感遂不斷得到凝聚加強。若此論點無錯誤的話，則北魏前期頻繁的「賞賜」出現，除了現實上表揚對國家拓展的功績以外，背後還有著傳統思想基礎的支撐。

「賞賜」活動的發展，在北魏拓跋政權初期便頻頻出現，總計太祖朝的次數計有十三次。最主要的觀察焦點就是班賜的對象，從功臣長孫嵩等、將士、從臣、大臣與將校等，這些人主要就是政權基礎之代人群體。班賜的時機幾乎都是在征戰的過程中或是征戰完成以後，藉以慰勞出戰的中央大臣與前線的將士們。班賜的內容，初期多以戰場上獲得的雜畜、馬、牛、羊等爲主，直到中山平定入主中原地區以後，班賜的東西從此多以游牧部落缺乏而中原盛產的布帛爲主。

北魏拓跋政權疆域的拓展主要集中在太祖、太宗與世祖時期，當然此國基奠定的大功臣仍是依賴於代人群體。因此，這三個朝代的征戰軍事活動最多，班賜的次數也是最多的。上述統計太祖朝十三次，接著太宗朝總計十八次，世祖朝共有二十次，此後只有高祖朝的數次而已。其中太宗時期的差別在於班賜對象，增加了附國大人與部落渠帥，這些可能是附屬於帝國外圍地區的部落體系，北魏也以此儀式維繫其之認同。世祖時期的差別在於班賜內容，可能因極力對外擴張而擄獲邊區民族的人口，因此將這些「生口」作爲新的班賜物。

由此班賜次數的變化可見，北魏立國形勢在世祖朝以後顯然已經改變，征戰軍事活動次數減少，代人群體能發揮的空間也減少，自然在北魏拓跋政權下的地位會有所減損。無論是否改以其他方式維繫部落民的認同感，此一「賞賜」儀式的隨立國形勢改變而漸趨沒落，代表著北魏拓跋政權對傳統部落的維繫是漸趨衰微了。

接著，針對「賞賜」內涵作進一步的理解或更能突顯其意義：

> （泰常八年 423 年）遺詔以司空奚斤所獲軍實賜大臣，自司徒長孫嵩已下至士卒各有差。〔註43〕

〔註42〕宮崎市定著，韓昇、劉建英譯，《九品官人法研究—科舉前史》（北京：中華書局，2008 年 3 月第 1 版），頁 21。

〔註43〕《魏書》卷 3，〈太宗紀〉，頁 64。

當時從軍者幾乎都爲胡族人士，所以，這個賞賜是從最高階到最低階的胡人皆得到分配。此種均分共享的精神，就是「賞賜」所要傳達的意義，使部落上下存有一體感。還有戰爭所獲得的一切東西皆視之爲賞賜品：

> （始光四年427年）以（赫連）昌宮人及生口、金銀、珍玩、布帛班賚將士各有差。〔註44〕

將戰場上獲得的一切皆視爲戰利品，是大家共同奮戰而得來，所以，分給戰場上辛勞的將士們是應該而自然的。

以上討論的所有「賞賜」儀式內涵，皆帶有傳統部落民的生活習俗味道，這大概是已轉型爲帝國型態的北魏拓跋政權所不能立刻放棄的傳統文化之一。畢竟北魏拓跋政權主要是依賴這些代北軍人所建立起來，繼續維持他們對政權的忠誠與認同是相當必要的。只是從賞賜次數的變化來觀察，似乎至世祖以下北魏的立國形勢顯然已經改變了。此後幾乎只有高祖時期數次的賞賜而已，此時實際上是文明太后主政。此時的賞賜不僅次數少，呈現的時代意義已不同於以往：

> （太和十一年487年十一月）詔罷尚方錦繡綾羅之工，四民欲造，任之無禁。其御府衣服、金銀、珠玉、綾羅、錦繡，太官雜器，太僕乘具，內庫弓矢，出其太半，班賚百官及京師士庶，下及工商皂隸，逮於六鎮戍士，各有差。〔註45〕

這次的賞賜可提出檢討者頗多：

第一、班賜的時機。此時雖然北方存在著蠕蠕犯塞的威脅，但帝國整體局勢穩定，並無往日四處征戰的軍事活動頻頻出現。因此，往日賞賜總與戰爭軍事相伴隨的情況不復出現，此時雖仍行賞賜但已是在新的局勢下產生而非往日軍事主導的時代。

第二、班賜的內容。班賜的東西也不再是戰場上所獲得的一切軍實，而是中央宮廷內原由統治階層所專有、享有的稀有品、奢侈品。此時，文明太后不僅釋出宮廷專有的「錦繡綾羅之工」，且將皇宮的珍品拿出來班賜，不再由代北勳貴或者所有統治階層享有。這個班賜動作即使只有一次，但其宣示意義極大，可能代表北魏政權立國型態的改變趨勢。

第三、班賜的對象。過去班賜對象不論是大臣或是將士，都可清晰看出

〔註44〕《魏書》卷4上，〈世祖紀〉，頁73。
〔註45〕《魏書》卷7下，〈高祖紀〉，頁163。

是代人群體的身影。如今班賜的對象很顯然不限於胡人，且上自百官「下及工商皂隸」，更遠及六鎮的戍士。此次的班賜對象不僅在北魏歷史少見，相信在歷代政權下也是少見。

第四、班賜的目的。這次少見的班賜政策，可以深切感受到文明太后或是孝文帝勇於改變的企圖心。他們想改變北魏拓跋政權的基本立國形勢，不再延續傳統作為代人群體色彩濃厚的部落聯盟式政權，而是新定位為受胡漢與各階層認同與支持的新政權。這項極具象徵意義的班賜政策，原是脫胎於傳統部落社會的維繫機制，如今被賦予、創造新的義涵。

稍加綜觀，北魏拓跋政權立基、蛻變於傳統部落組織，兩者深相結合，遂重視「講武馳射」、狩獵軍事傳統與「賞賜」機制等。但是，隨著立國形勢的逐步改變，也反映於社會文化層面上，遂出現「賞賜」機制之內涵精神及其所欲彰顯的傳統部落社會意義被改變了。時移境遷的緩緩過程中，北魏傳統部落社會認同機制被削除了一個重要部分。

三、祭典儀式的凝聚功能

這裡所指的祭典儀式，是針對北魏拓跋政權自部落聯盟時代以來，至邁入帝國體制時期，就史料所見足以進行討論的二項祭典儀式：四月西郊祭天與七月講武馳射。這二項祭典儀式能夠充分反應出社會組織的特色，由此更能觀察到社會的凝聚摶成。

四月西郊祭天是比較具有宗教的意味，這樣的祭典儀式對拓跋政權而言極為重要，誠如康樂所引述：

> 宗教儀式（rite）是社會一體的呈現；一個共同體的凝固及其內在秩序，有賴於其成員對共同體的情感來維繫。透過宗教儀式，此一情感得到再度的肯定、強化，並傳遞到下一代，共同體因此得以再生，其秩序也得以持續。〔註46〕

透過設計的祭典儀式使部落社會的秩序、情感得以維繫、延續，如此也達成社會認同。對照於史料，最早在拓跋力微時期即已出現：

> （始祖拓跋力微三十九年 258 年）夏四月，祭天，諸部君長皆

〔註46〕康樂，〈國家祭典的改革〉，《從西郊到南郊》，頁 174。原文出自 A. R. Radcliffe-Brown, *Structure and Function in Primitive Society*,（原始社會的結構與功能）（New York, 1952）p.124, pp.157～165.

　　　來助祭，唯白部大人觀望不至，於是徵而戮之，遠近肅然，莫不震

　　慴。〔註47〕

這可能是游牧民族傳承已久的民俗，當面對擴大的部落聯盟體時，此一祭典
儀式倍加重要。除了展示其君長領導之威權以外，更重要者在於部落聯盟體
之結合組成。當然，這樣的儀式裡，當有凝聚情感的作用。

　　西郊祭天儀式從部落聯盟時期到帝國體制時期，仍舊扮演著重要的整合
角色，所以，帝國體制初創時期即延續遂行這項祭典儀式：

　　　太祖登國元年（386年），即代王位於牛川，西向設祭，告天成

　　禮。〔註48〕

可以想見的是，西郊祭天儀式主要訴求的對象是統轄於北魏拓跋政權下的部
落民而非漢人，尤其是奠定政權基礎的所謂胡人群體。北魏政權必須給予相
當程度的控制以外，更需維持他們的向心力。那麼，這項傳統祭典儀式就是
最適合的整合機制了。

　　在後來的北魏歷史上，這項祭典儀式應該是持續舉辦的，雖然史料上未
必皆有記載。但是，這個祭典儀式在太祖之時出現生動、具體的場景：

　　　天賜二年（405年）夏四月，復祀天于西郊，為方壇一，置
　　木主七於上。……祭之日，帝御大駕，百官及賓國諸部大人畢從
　　至郊所。帝立青門內近南壇西，內朝臣皆位於帝北，外朝臣及大
　　人咸位於青門之外，后率六宮從黑門入，列於青門內近北，並西
　　面。廩犧令掌牲，陳於壇前。女巫執鼓，立於陛之東，西面。選
　　帝之十族子弟七人執酒，在巫南，西面北上。女巫升壇，搖鼓。
　　帝拜，后肅拜，百官內外盡拜。祀訖，復拜。拜訖，乃殺牲。執
　　酒七人西向，以酒灑天神主，復拜，如此者七。禮畢而返。自是
　　之後，歲一祭。〔註49〕

早在獻帝「七分國人」之時，曾經言及「國之喪葬祠禮，非十族不得與也」。
所以，因應於這個新創的部落聯盟政權，極可能於此時已經形成維繫核心基
礎成員彼此關係、感情的祭典儀式。這祭天儀式是源自傳統部落祭典而來，

─────────────

〔註47〕《魏書》卷1，〈序紀〉，頁3～4。

〔註48〕《魏書》卷108-1，〈禮志一〉，頁2734。

〔註49〕《魏書》卷108-1，〈禮志一〉，頁2736。《通鑑》卷110，〈晉紀32〉，安帝隆
　　　　安二年十二月己丑條，頁3484 注引《通典》（北京：中華書局，1988年12
　　　　月第1版）卷42，〈郊天上〉，頁1178～1179，內容類同於《魏書》。

極有可能地，這場祭典儀式至太祖時期規劃的更為完整。這場生動、具體的祭典儀式，除了可以執酒的拓跋宗族七人以外，更需注意參與者還有：皇帝、百官的內朝臣與外朝臣、諸部落大人、皇后及六宮以及協助祭儀的廩犧令與帶領祭典的女巫等，幾乎拓跋政權下重要成員都到齊，尤其是傳統部落體系的重要成員。

在這生動的場景中，可以感受到這是一場嚴謹而具神聖氣氛的祭典。在這繁複而多功能的祭典裡，可以發揮君權神授、政治中心認同、重複集體記憶、凝聚延續部落情感、身分的確立等多項功能。後來，「自是之後，歲一祭」，已成為固定的祭典儀式。由此可以想見，北魏拓跋政權對內部成員維繫認同用力之深。

甚至到高祖改革這些傳統祭典之前，仍然實行這項傳統祭典：

> （太和十六年492 年）城西有祠天壇，立四十九木人，長丈許，白幘、練裙、馬尾被，立壇上，常以四月四日殺牛馬祭祀，盛陳鹵簿，邊壇奔馳奏伎為樂。……（元）宏西郊，即前祠天壇處也。宏與偽公卿從二十餘騎戎服繞壇，宏一周，公卿七匝，謂之蹋壇。明日，復戎服登壇祠天，宏又繞三匝，公卿七匝，謂之繞天。〔註50〕

祭典儀式內容隨時代轉移自然也會有所調整，或者史料記載較為簡略。但稍加思之，一項實行超過百年之久的祭典儀式，其重要性是不言可喻了。

在這項祭典儀式的實施過程中，還可以從參加者的角度來考量其意義。在泰常四年（419 年）記載著：「遠藩助祭者數百國。」〔註51〕表現出政治性整合聯繫的功能，北魏政權持續透過祭典儀式保持與遠藩部落的緊密關係。所以，相較而言，雖然北魏並行漢制之處頗多，但其在與胡人世界關係的經營維繫應是更加著墨的。

西郊祭天這場傳統盛會儀式，在後來很長時間必定仍維持著重要地位，落實到社會層面上的情形為與會參加是榮耀之事：

> （顯祖皇興）四年（470 年），詔徵（尉）元還京赴西郊，尋還所鎮。〔註52〕

尉元從所鎮之地，被詔回京參加西郊祭典，應該不是一個獨立個案而是普遍

〔註50〕《南齊書》卷57，〈魏虜傳〉，頁985、991。

〔註51〕《魏書》卷3，〈太宗紀〉，頁59。

〔註52〕《魏書》卷50，〈尉元傳〉，頁1112～3。

的情況。由此細微處可見，北魏拓跋政權透過祭典與代人群體間凝聚認同之加強與維繫。除此以外，唯一可見與漢人相關的記載就是高允：

> （太和十年486年）四月，有事西郊，詔以御馬車迎允就郊所板殿觀矚。〔註53〕

此時，高允約略是九十七歲的老臣，高祖曾詔「允乘車入殿，朝賀不拜」，並「加光祿大夫、金章紫綬」等優禮。所以，高祖可能為彰顯尊老與尊其榮譽地位而「以御馬車迎允」參加。但是，可注意在於，他只是「觀矚」，即觀禮而已，仍不得下場參與祭典過程。

另外，七月舉行的「講武馳射」活動同樣極為重要。提倡體能之強健與狩獵之射技，本是源自傳統部落生活之基本所需，所以，提倡這些武藝是與其生活完全融合的，最能呼應生活經驗。人人在此環境中生長，自然以崇尚這些武藝為榮。因此，「講武馳射」雖然看似宴會式的武藝訓練活動，實有象徵意義的儀式，當能聯繫、凝聚族人的情感及向心力。當然，在這過程當中，部落族人也一再得以確立自己的身分定位與歸屬群體。

最早的紀錄出現於昭成帝時期：

> （建國五年342年）秋七月七日，諸部畢集，設壇埒，講武馳射，因以為常。〔註54〕

這項儀式活動原始的參加對象，應該就是部落聯盟體下各部落的君長。「諸部畢集」意謂著是年度盛事，必須全數到齊，仍有著濃厚的政治威權之意。部落民傳統是移動式游牧生活，遂設計出於每年固定時間地點的儀式活動，讓大家共同樂於參與肆情，並由此而加強彼此的聯繫關係。

拓跋政權立國之後，雖然史料記載斷斷續續，應是持續舉辦這樣的儀式活動。參加者轉為「群臣」與「王公諸國君長」，應該主要是以胡人為主，畢竟這是沿襲自部落傳統而來。即使拓跋政權遂行部分漢式帝國體制，但是對於其傳統部落文化從未放棄，因為，這是真正能凝聚呼應情感的重要儀式，由此遂能凝聚胡人的群體感。

這項儀式活動舉辦的地點是機動的，曾在「參合陂西」、「長川」、「柞嶺」、「上郡屬國城」、「南郊」與「中山」等地舉行，充分表露傳統部落移動式統治的習性。這項傳統至高宗之時仍舊持續著：

〔註53〕《魏書》卷48，〈高允傳〉，頁1089。
〔註54〕《魏書》卷1，〈序紀〉，頁12。

　　　　（和平四年463年）秋七月壬午，詔曰：「朕每歲以秋日閑月，
　　　命群官講武平壤。所幸之處，必立宮壇，靡費之功，勞損非一。宜
　　　仍舊貫，何必改作也。」〔註55〕

史文前因無從得知，但從「宜仍舊貫，何必改作」來看，即使各地靡費不同，高宗仍是延續這項重要傳統。

　　另外，如同西郊祭天儀式一樣，得以參與「講武馳射」者，被視為榮耀的象徵：

　　　鹿生，濟陰乘氏人。父壽興，沮渠牧犍庫部郎。生再為濟南太
　　　守，有治稱。顯祖嘉其能，特徵赴季秋馬射，賜以驄馬，加以青服，
　　　彰其廉潔。〔註56〕

顯祖為嘉勉鹿生的治績故「特徵赴季秋馬射」，因此，徵有政績功勞者參加即是賦予榮譽。而且，鹿家是自河西沮渠政權而來，非原出自拓跋部落政權的基礎成員，所以，由此顯現「講武馳射」的價值與意義不僅是賦予代北胡人群體，更是企圖擴展至北魏政治社會體下其他的民族成員。

第二節　漢族社會的延續

一、外在環境的變動

　　一社會群體穩定生活模式的形成，必與所處自然環境及社會人文環境相適應，在此過程中逐步塑造其群體的社會認同，並由此來凝聚、延續與規範該社會群體之生存發展。因此，當要了解北魏時期北方社會的情況時，必須先考慮自漢末以來整體環境變動所造成的影響。

　　漢末以下社會型態的特質，蓋可以塢堡型社會來稱呼之。諸多事例試舉：〔註57〕

〔註55〕《魏書》卷5，〈高宗紀〉，頁121。
〔註56〕《魏書》卷88，〈良吏列傳・鹿生傳〉，頁1901。
〔註57〕關於塢堡的相關研究已多，可參閱：金發根，《永嘉亂後北方的豪族》（台北：中國學術著作獎助委員會，1964年9月初版），以及另一著作〈塢堡溯源及兩漢的塢堡〉，《史語所專刊》第三十七本上冊，1967年；趙克堯，〈論魏晉南北朝的塢壁〉，《歷史研究》1980年第6期；歐陽熙，〈魏晉時期塢壁組織的性質及作用〉，《廣州師院學報》1981年第4期；劉華祝，〈試論兩漢豪強地主塢壁〉，《歷史研究》1985年第5期；馬志冰，〈十六國時代塢堡壘壁組織的社會質能〉，《許昌師專學報（社會科學版）》1991年第3期等。

漢末，（許褚）聚少年及宗族數千家，共堅壁以禦寇。〔註58〕

屬劉元海攻平陽，百姓奔走，（李）矩素為鄉人所愛，乃推為塢主，東屯滎陽，後移新鄭。〔註59〕

劉遐……性果毅，便弓馬，開豁勇壯。值天下大亂，遐為塢主……鄉人冀州刺史邵續深器之，以女妻焉，遂壁于河濟之間，賊不敢逼。〔註60〕

在動亂的環境時，人民遠離政治社會的動盪威脅，據險要以築壘而自衛，是很自然的因應措施。在這塢堡型社會的形成過程，多由地方的豪族領頭，招聚部曲、賓客、門生、僮僕與宗族鄉黨等，擇險要之地而築堡聚居。經營得宜，則能吸引更多民眾加入而擴大塢堡型社會的規模。

此一外在動亂環境條件未改變時，此一塢堡型社會組織也出現世代傳承延續的現象：

（杜）恕遂去京師，營宜陽一泉塢，因其壘壍之固，小大家焉。〔註61〕

（劉曜攻陷洛陽）時杜預子尹（杜恕孫）為弘農太守，屯宜陽界一泉塢，數為諸賊所抄掠。〔註62〕

待至永嘉亂後，十六國政權紛立紛滅動盪加劇，塢堡型社會更是所在皆是到處出現，例如郗鑒「與千餘家俱避難於魯之嶧山」，〔註63〕蘇峻「糾合得數千家，結壘於本（掖）縣」等。〔註64〕

處於如此亂世的塢堡型社會如何運作維繫，至關重要，試以田疇為例：

疇謂其父老曰：「諸君不以疇不肖，遠來相就。眾成都邑，而莫相統一，恐非久安之道，願推擇其賢長者以為之主。」皆曰：「善。」同僉推疇。……疇乃為約束相殺傷、犯盜、諍訟之法，法重者至死，其次抵罪，二十餘條。又制為婚姻嫁娶之禮，興舉學校講授之業，班行其眾，眾皆便之，至道不拾遺。〔註65〕

〔註58〕《三國志》卷18，〈許褚傳〉，頁542。
〔註59〕《晉書》卷63，〈李矩傳〉，頁1706。
〔註60〕《晉書》卷81，〈劉遐傳〉，頁2130。
〔註61〕《三國志》卷16，〈杜畿傳〉注引《杜氏新書》，頁506。
〔註62〕《晉書》卷63，〈魏浚傳〉，頁1713。
〔註63〕《晉書》卷67，〈郗鑒傳〉，頁1797。
〔註64〕《晉書》卷100，〈蘇峻傳〉，頁2628。
〔註65〕《三國志》卷11，〈田疇傳〉，頁341。

除了基本的軍事防衛以外，也訂立該社會運行之規範、禮制及文化事業等，使塢堡型社會得以穩定運作。可注意者是，這些維繫社會運作的機制是延續漢代以來的傳統，透過如此以確保「久安之道」與凝聚群體的認同感。

　　然而，塢堡型社會是相應於漢末以下外在亂世環境的產物，群體成員多以地方鄉里人士爲主要成員，結塢屯堡以自存，並未遭亂世而摧毀。因此，其組織雖頗團結但亦有著相當的孤立性。所以，他們的行動多受限於各自的地方利益，遂常有互相攻擊的情形，難以跨越地域限制而組成政治社會性聯盟，去從事政治社會秩序的重組。〔註66〕在缺乏公共領域的概念與組織機制的傳統下，他們只能在北方胡族政權向其招撫時，接受其羈縻出任地方守令而獲得一定的政治空間。雖然他們失去相當的政治主控性，但是，憑藉穩固的宗族及地方組織而維持在地方社會的勢力與地位，所以，社會組織的性質，應有相當程度由軍事防衛性的塢堡型社會轉變爲地方領導型的宗族型社會。〔註67〕塢堡型社會的漸趨瓦解、轉變在拓跋政權軍隊初拓中原之際是可以觀察到的，例如皇始二年（397年）二月征討慕容寶時，太祖「軍于鉅鹿之柏肆塢」，〔註68〕以及十月征討慕容賀麟時，「臨其營，戰於義臺塢，大破之」等。〔註69〕這些規模龐大的征戰活動應是傳統塢堡所無法抵擋的，所以自然漸趨於瓦解。

　　拓跋政權軍臨中原，首先造成社會震撼的便是登國十年（395年）發生的參合陂之役。這場戰爭的發生原因，主要是糧食資源的爭奪。〔註70〕戰爭造

〔註66〕如《晉書》卷62，〈祖逖傳〉，頁1695載：「初，北中郎將劉演距于石勒也，流人塢主張平、樊雅等在譙，演署平爲豫州刺史，雅爲譙郡太守。又有董瞻、于武、謝浮等十餘部，眾各數百，皆統屬平。（祖）逖誘浮使取平，浮譎平與會，遂斬以獻逖。」又如《晉書》卷63，〈魏浚傳〉，頁1713載：「（杜尹）屯宜陽界一泉塢，數爲諸賊所抄掠。尹要（魏）該共距之，該遣其將馬瞻將三百人赴尹。瞻知其無備，夜襲尹殺之，迎該據塢。塢人震懼，並服從之」等。

〔註67〕宮川尚志，〈六朝時代的村〉，收入劉俊文主編，《日本學者研究中國史論著選譯—第四卷六朝隋唐》（北京：中華書局，1992年7月第1版），從村的組織發展過程，也指出聚落起源於軍事防衛需求，當政治社會局勢穩定以後，遂成爲百姓的實際生活單位，各政權也承認接受此一現實狀況而實施徵稅與治安等工作。但是，塢堡的組織也有相當程度持續存在。

〔註68〕《魏書》卷2，〈太祖紀〉，頁29。

〔註69〕《魏書》卷2，〈太祖紀〉，頁31。

〔註70〕因爲北魏政權自登國元年（386年）「二月，幸定襄之盛樂。息眾課農」代表經濟基礎大爲增加農業的成分。對於這個關鍵性的轉變，《通鑑》卷106，〈晉紀28〉，孝武帝太元十一年二月條，頁3360遂記載：「代王珪徙居定襄之盛樂，

成的傷亡數據，據《魏書‧徒何慕容廆傳》所載，「寶軍四五萬人，一時放仗，斂手就羈矣。其遺迸去者不過千餘人」。〔註71〕又據《晉書‧慕容垂傳》所載，「寶及農與慕容麟等率眾八萬伐魏，慕容德、慕容紹以步騎一萬八千為寶後繼。……是夜魏師大至，三軍奔潰，寶與德等數千騎奔免，士眾還者十一二」。〔註72〕再對照《水經注‧漯水條》所載，「按《燕書》建興十年，慕容垂（應為慕容寶）自河西還軍，敗於參合，死者六萬人」。〔註73〕因此，相較起來參合陂之役的死亡人數應該是偏多較為合理。

北魏以異民族之姿入主，已令中原社會頗感恐懼，又對俘虜者以外的大量軍士屠殺，必引起普遍的心理影響：

> （王建）從破慕容寶於參合陂。太祖乘勝將席卷南夏，於是簡擇俘眾，有才能者留之，其餘欲悉給衣糧遣歸，令中州之民咸知恩德。乃召群臣議之。建曰：「慕容寶覆敗於此，國內虛空，圖之為易。今獲而歸之，無乃不可乎？且縱敵生患，不如殺之。」太祖謂諸將曰：「若從建言，吾恐後南人絕義，絕其向化之心，非伐罪弔民之義。」諸將咸以建言為然，建又固執，乃坑之。太祖既而悔焉。……進圍中山……招其眾曰：「慕容寶捐城奔走，汝曹百姓將為誰守？何不識天命，取死亡也？」皆曰：「群小無知，但復恐如參合之眾，故求全月日之命耳。」太祖聞之，顧視建而唾其面。〔註74〕

務農息民，國人悅之。」進而在登國六年（391年）襲奪劉衛辰所屬的五原地區，並收其積穀。至登國九年（394年）便擴大範圍生產至此區域，「三月，帝北巡。使東平公元儀屯田於河北五原，至於椱楊塞外。」五原至椱楊塞此區，即相當於黃河以北的河套區，相當適於農耕。糧食資源的爭奪，引起競爭對手後燕的高度敵意，故於登國十年（395年）雙方衝突完全引爆，事由即起於「秋七月，慕容垂遣其子寶來寇五原，造舟收穀」。慕容氏此舉已嚴重侵蝕北魏的經濟基礎，故北魏全力反撲遂造成參合陂之役。

〔註71〕《魏書》卷95，〈徒何慕容廆傳〉，頁2068。《北史》卷93，〈僭偽附庸傳〉，頁3071，所載略同。《通鑑》卷108，〈晉紀30〉，孝武帝太元二十年十一月條，頁3424，亦略同。

〔註72〕《晉書》卷123，〈慕容垂傳〉，頁3089。

〔註73〕《水經注》（台北：世界書局，1983年12月3版）卷13，〈漯水條〉，頁169。

〔註74〕《魏書》卷30，〈王建傳〉，頁710。《北史》卷20，〈王建傳〉，頁754～5，所載略同。《通鑑》卷108，〈晉紀30〉，孝武帝太元二十年十一月條，頁3424，兩事並載為：「魏王珪擇燕臣之有才用者代郡太守廣川賈閏、閏從弟驃騎長史昌黎太守彝、太史郎晁崇等留之，其餘欲悉給衣糧遣還，以招懷中州之人。中部大人王建曰：『燕眾強盛，今傾國而來，我幸而大捷，不如悉殺之，則其

王建所代表者是拓跋宗室的聯姻勳貴且戰功彪炳者，〔註75〕所以，他的建議容易得到相似背景出身諸位將領的支持。相對的，太祖之所慮與游牧部落出身將領所慮不同，他深切考量者在於是否「絕其向化之心」，即是考慮到南人未來對北魏政權的認同問題。但是，在開國初期的戰爭情勢下，太祖似乎無法與功高的將領們堅持己見，遂留此遺憾產生深遠影響。此參合陂之役的大量坑殺，在中原區域內必定是會產生擴散的負面影響，事發隔年（396 年）「（慕容）垂眾北至參合，見積骸如山，設祭弔之禮。死者父兄皆號泣，六軍哀慟。垂慚憤嘔血，因而寢疾焉」。〔註76〕至十一月，太祖拓跋珪率大軍聲勢浩大東出井陘時，結果「自常山以東，守宰或捐城奔竄，或稽顙軍門，唯中山、鄴、信都三城不下」。〔註77〕可以想見慕容政權行政體系的崩潰，必定對基層社會造成極大的恐慌。因為，當時太祖拓跋珪正「意欲撫悅新附」，但卻發生「參合之誅」，令其深感懊悔。然而，當時依賴部落大人的軍力，故仍無改變這種殘酷的征戰策略。因此，後來的城市爭奪戰裏，不但「殺害吏民」，還發生「大疫，人馬牛多死」。〔註78〕最後在皇始二年（397 年）平定中山一役，更以「斬首九千餘級」〔註79〕的殘忍恐怖方式結束。

　　經過登國十年至皇始二年（395～397 年）的戰爭屠殺，可以想見中原地區對北魏政權的強烈反彈。太祖拓跋珪又極度擔憂此一地區強大的社會勢力，遂於天興元年（398 年）以強大軍事力進行強迫的大規模徙民：

　　　　（正月）徙山東六州民吏及徒何、高麗雜夷三十六萬，百工伎巧十萬餘口，以充京師。〔註80〕

　　　　（十二月）徙六州二十二郡守宰、豪傑、吏民二千家於代都。

〔註81〕

　　國空虛，取之為易。且獲寇而縱之，無乃不可乎！』乃盡坑之。」所載稍有不同，但可並觀之。

〔註75〕宮崎市定著，韓昇、劉建英譯，《九品官人法研究—科舉前史》（北京：中華書局，2008 年 3 月第 1 版），頁 236 視王建為「漢人官僚」，恐誤。

〔註76〕《水經注》卷 13，〈㶟水條〉，頁 168。

〔註77〕《魏書》卷 2，〈太祖紀〉，頁 28。

〔註78〕《魏書》卷 2，〈太祖紀〉，頁 30。

〔註79〕《魏書》卷 2，〈太祖紀〉，頁 31。

〔註80〕《魏書》卷 2，〈太祖紀〉，頁 32。

〔註81〕《魏書》卷 2，〈太祖紀〉，頁 34。

此舉無異於試圖裂解既有的社會組織結構，摧毀基層社會的勢力，可能相當程度地打擊到舊有的社會秩序。但，可惜者無法在史料中發現基層社會的變化。

然而，北魏政權以相對人口的少數，僅憑藉強大武力以掌控廣大地域普遍的基層社會。所以，太祖後來即於天賜二年（405 年）實施三首長制的地方行政體制，州置三刺史，宗室一人異姓二人，郡縣也置三首長的模式，試圖以此制度兼顧胡、漢與中央、地方間的平衡來達成監督、統治的目的。實際的內部執行情形，已無法從史料中揭露，但從其監督的主要業務：地方賦稅的徵收層面，可以概略了解對地方社會造成的影響程度。

如果此項三首長制的徵稅效果良好的話，斷不可能隨即於太宗神瑞元年（414 年）出現：

> （冬十一月）詔使者巡行諸州，校閱守宰資財，非自家所齎，悉簿爲贓。〔註82〕

地方首長於理應向地方收繳所規定的稅額，但關鍵可能在於地方首長未將賦稅上繳或是少繳，遂造成北魏政府如此的強力措施。其中可能的狀況是，地方首長仍由當地大族擔任或是得以勢力操控影響，所以，將賦稅截留於門第內或是地方上。這樣的現象，清楚透露出北魏政權尚無法透過地方行政體系掌控、主導地方社會，自然地，地方社會仍維持其原有的獨立性。

上述的推論結果應該是普遍的現象，所以，在諸帝的本紀中一再出現督責地方首長的詔令，充分反應北魏政權對地方社會的無力感。甚至世祖始光四年（427 年）十二月，「行幸中山，守宰貪污免者十數人」。〔註83〕隔年正月遂下令「以天下守令多行非法，精選忠良悉代之」。〔註84〕如此的改革，恐怕並未能改變現狀。至世祖太延三年（437 年）再下詔令，指責牧守令長「廢公帶私」，而且開始讓基層吏民可以「舉告守令不如法者」。〔註85〕

至高宗太安元年（455 年），更是擴增使者數量至三十人，派遣胡人中央官僚穆伏眞等巡行州郡，且訂定九條具體的巡查條制。然而，北魏政權中央的政治力仍舊難以落實下達地方社會，最終，只能與地方首長與地方鄉里妥協。所以，在顯祖和平六年（465 年）九月詔曰：

〔註82〕《魏書》卷 3，〈太宗紀〉，頁 54。
〔註83〕《魏書》卷 4 上，〈世祖紀〉，頁 73。
〔註84〕《魏書》卷 4 上，〈世祖紀〉，頁 73。
〔註85〕《魏書》卷 4 上，〈世祖紀〉，頁 88。

　　　　刺史守宰到官之日，仰自舉民望忠信，以爲選官，不聽前政共
相干冒。〔註86〕

　　因此，從地方行政體系與北魏中央間的互動關係演進，可反映出即使北魏不斷督責於地方行政體系，仍舊無法撼動地方社會紮根深厚的鄉土勢力。這樣的中央地方關係，直到高祖時期才逐漸得到轉圜與減少衝突。

　　總體來說，北魏憑藉大軍進入中原社會時，優勢的武力足以掌控整體局勢，以致塢堡型社會存在的軍事防衛需求漸趨消失而轉爲宗族聚居型社會。在過程中，參合陂之役等戰爭的大量屠殺傷亡，造成擴散效應使整個中原社會對北魏政權產生高度恐慌。在此高度不信任情況下，北魏爲求掌控山東地區強大的社會勢力，逐強迫進行大量的徙民。然而，魏室對非其族類且廣佈的中原地方官亦存有戒心，所以，實行具有監督、統治目的的地方三首長制。但是，這項制度設計難以掌控各個地方，即使歷經數十年之後，最終仍只能與地方社會妥協。

二、北魏的統治策略

　　北魏政權對於廣大中原地區的統治策略，由宗主督護制到三長制。對於北方社會所以採行宗主督護制，是因應、評估於現況總體環境與自身條件限制而提出的。自「永嘉之亂，北方淪陷，五胡迭起割據者，凡百餘年。疆場之間，數數變易。一國之力，不能長保其地。守令不克久於其位，莫能從容施其政令。且山險林藪之區，爲鄉人或流民之所保據。諸胡兵力，雖或可迫其一時服從，而不能長久深入其地，則亦因仍故俗，聽其自然。良以撫綏得宜，則不勞兵力，而四境自安。苟失其意，或且興師徒以議大軍之後，爲患茲大。故郊遂之地，惟彼豪右之言是從。宗帥塢主之指揮，轉勝於城邑守長之條款。滋擾之時既久，鄉里魁率，大抵世繼其任。所憑者厚，其勢益強割據之君，愈不敢輕易更張。雖明知豪右所爲，不合法令，然猶不得不包容隱忍」。〔註87〕所以，宗主督護制蓋由此背景而生，是北魏對地方豪右或大族深厚勢力的權宜辦法，實有妥協之意味。

　　以上所論也指出北魏前期地方社會的基本情勢，即廣泛的地域空間非北魏政權所能掌控。如此的話，中原社會群體大抵仍延續遠自漢末以來的組織

〔註86〕《魏書》卷6，〈顯祖紀〉，頁126。
〔註87〕余遜，〈讀魏書李沖傳論宗主制〉，《史語所集刊》第20本下冊（1948年），頁75。

體，內部也延續過去所形成的經驗、情感與社交網絡等，自然群體成員的社會認同感不至於產生多少改變。

在如此的社會現況下，觀察北魏的策略：宗主督護制與三長制，〈李沖傳〉載：

> 舊無三長，惟立宗主督護，所以民多隱冒，五十、三十家方爲一户。沖以三正治民，所由來遠，於是創三長之制而上之。文明太后覽而稱善，引見公卿議之。……著作郎傅思益進曰：「民俗既異，險易不同，九品差調，爲日已久，一旦改法，恐成擾亂。」太后曰：「立三長，則課有常準，賦有恒分，苞蔭之户可出，僥倖之人可止，何爲而不可？」群議雖有乖異，然惟以變法爲難，更無異義。遂立三長，公私便之。〔註88〕

宗主督護制到三長制，表面重點看似在於財政賦稅制度的大規模變更，實際上，文明太后的企圖心在於使政治力更加深入基層社會，先掌握最基礎的人口：

> 魏初不立三長，故民多蔭附。蔭附者皆無官役，豪強徵斂，倍於公賦。（太和）十年，給事中李沖上言：「宜準古，五家立一隣長，五隣立一里長，五里立一黨長，長取鄉人強謹者。……」書奏，諸官通議，稱善者眾。高祖從之，於是遣使者行其事。……初，百姓咸以爲不若循常，豪富并兼者尤弗願。事施行後，計省昔十有餘倍。於是海內安之。〔註89〕

由此，北魏政權掌握帝國經濟基礎根源的人口，進而得以徵發賦稅、兵役與力役等。此一改革雖著重於經濟層面，但社會體本是複雜的綜合體，牽一髮便動全身，不可忽略其背後的意義：代表北魏政權認爲舊有的地方社會組織體必須有所變革，必須釋放出更多資源，如此，社會力與政治力間的衝突更大。

接者，試論從宗主督護制到三長制下的社會情況。先說宗主督護制的實施對象問題。據陳寅恪所說：「蓋與道武時離散部落爲編戶一事有關，實本胡部之遺蹟。」〔註90〕余遜推論此點說：「夫既分散部落，改爲編戶，分土定居，不聽遷徙；其生活狀況，自與部落時代不同。然同部之人，必同居一處，與中國之聚族而居相似。於是嚮之君長大人，以氏族之首領，爲編戶之督護。

〔註88〕《魏書》卷53，〈李沖傳〉，頁1180。《北史》卷100，〈序傳〉，頁3329載「唯立宗主主督護」，雖多一「主」字，但語意並無衝突。

〔註89〕《魏書》卷110，〈食貨志〉，頁2855～6。

〔註90〕陳寅恪，《隋唐制度淵源略論稿》，收入氏著，《陳寅恪先生文集（二）》，頁40。

魏初之宗主督護制，殆源於此。因即以此制，部勒中夏，使胡漢一體。由是而宗主之制，遂爲魏初社會之基本組織。其爲胡部之遺蹟，蓋昭昭然也。」〔註91〕因此，其研究之基本論點之一，就是宗主督護制「通用於胡漢」。〔註92〕

論及此一問題時，若先回溯李沖新提出三長制取代宗主督護制，意在增加人口及財稅收入並使政治力往下滲透，企圖重新整頓社會組織。此舉也標示出，社會組織非政治力所能掌控，具有頗大的勢力。再試想部落社會，北魏政權帶進中原區域居住的部落民，無論如何解散並成爲編戶，本多原爲政權的基礎故不致成爲對抗政治體的勢力，且部落民多用於四處的征戰，固應少有「不聽遷徙」的情況。況且，部落民在中原世界的包圍之下，我群他群之別尤爲顯著，更增強其部落民間的凝聚與感情，所以，與北魏政權間的聯繫仍然緊密。因此，即使兩方都已同屬北魏國家的編戶，但比較之下，實令人感覺宗主督護制應該是針對漢族社會龐大勢力而規劃的。

試從上述李沖三長制之觀點來推論。部落民既然跟隨北魏政權來到中原，扮演角色主要是軍人，從事征戰、屯兵戍守等軍事任務，且他們是政權之主要基礎所在。因此，北魏政權對於以部落民爲主的軍職多有一定的優待，在文獻史料中或可證實：

> （魏初以來）州有宗子稻田，屯兵八百戶，年常發夫三千，草三百車，修補畦堰。（楊）椿以屯兵惟輸此田課，更無縣役，乃至閑月，即應修治，不容復勞百姓，椿亦表罷。朝廷從之。〔註93〕

或許此一屯兵非純然全是部落民所組成，但北魏的軍人多依賴於部落民應是無誤的。因此，此一事例顯示北魏對軍職人口的掌握明確，這些屯兵「惟輸此田課，更無縣役」，顯見北魏政權對軍人財稅負擔的明確與優待。若由此例來嘗試推論的話，部落民的財賦收繳應該是在北魏官方的掌控下，並無多少空間與政治力產生衝突對抗。由此反證來說的話，宗主督護制實施對象應該主要是針對中原漢族社會的大族而言。〔註94〕若是中原一般漢民不繳稅，不可能任其自恣的，例如「（太宗）泰常初，白澗、行唐民數千家負嶮不供輸稅，（周）幾與

〔註91〕余遜，〈讀魏書李沖傳論宗主制〉，《史語所集刊》第20本下冊（1948年），頁69。
〔註92〕學界一般討論宗主督護制也多主張「通用於胡漢」，本文僅據私見而稍加申述不同的觀點。
〔註93〕《魏書》卷58，〈楊播傳〉，頁1287。
〔註94〕李憑，〈論宗主督護〉，收入氏著，《北魏平城時代》，討論角度雖不同但結論亦是如此。

安康子長孫道生宣示禍福，逃民遂還」。〔註95〕因爲，一般漢民不如大族有足夠勢力與政治力對抗。而且，在宗主督護制實施期間，北魏已經著手整頓戶口頗有成效，「（顯祖）以五州民戶殷多，編籍不實，以（韓）均忠直不阿，詔均檢括，出十餘萬戶」。〔註96〕這些應是北魏政權可以掌握的部份區域。

至於漢人社會中的大族，即宗主督護制的對象，他們的情形所見於史料並不多，僅以李顯甫的事例作推敲：

> 顯甫，豪俠知名，集諸李數千家於殷州西山，開李魚川方五六十里居之，顯甫爲其宗主。以軍功賜爵平棘子，位河南太守，贈安州刺史，謚曰安。〔註97〕

李顯甫是趙郡李氏高門的背景，曾祖父李勰好學而「有聲趙魏」，顯然其家是傳統的士族，具有相當好的地方名望。所以，當太祖平定中原時，聽說李勰已亡，遂贈以「宣威將軍、蘭陵太守」的榮銜，來表示對其家族的尊重禮遇，並藉此來拉近彼此的關係。此外，同宗名人李順父親李系，也受到太祖的尊禮，曾任「慕容垂散騎侍郎，東武城令，治有能明。太祖定中原，以系爲平棘令。年老，卒餘家。贈寧朔將軍、趙郡太守、平棘男」。〔註98〕由此兩例可見，北魏太祖一進入中原地區，即尊禮像趙郡李氏這樣在各地的士家大族。而且，趙郡李氏也願意與北魏政權妥協合作，並無對抗之意。這種任用漢人大族爲當地首長的情形，即窪添慶文所論的本籍地任用。〔註99〕

後來，趙郡李氏與北魏政權的密切互動關係持續發展下來。李顯甫祖父李靈即在世祖大徵天下才儁時，「拜中書博士，轉侍郎」，〔註100〕並曾教授高宗經學。李顯甫父親李恢除了繼承爵位以外，高宗還以李恢爲「師傅之子」而封拜其官爵。所以，李家三代一直與北魏政權維持著密切良好的關係。由此可見，北魏政治力與漢族社會力彼此間頗有妥協、適應而維持一定程度的互動關係。

待至第四代李顯甫，據推算他的生卒年大概是從世祖末期到高祖時期。

〔註95〕《魏書》卷30，〈周幾傳〉，頁726。

〔註96〕《魏書》卷51，〈韓茂傳〉，頁1129。

〔註97〕《北史》卷33，〈李靈傳〉，頁1202。

〔註98〕《魏書》卷36，〈李順傳〉，頁829。

〔註99〕窪添慶文，〈魏晉南北朝における地方官の本籍地任用について〉，收入氏著，《魏晉南北朝官僚制研究》（東京都：汲古書院，2003年9月）。

〔註100〕《魏書》卷49，〈李靈傳〉，頁1097。

他以趙郡李氏宗主的身分率領數千家到李魚川開發，應是得到北魏政府的同意。而且，也如前代一樣與北魏維持著密切關係，任「本州別駕，遷步兵校尉。從駕南討，以功賜爵平棘子，行并州事」。〔註101〕

　　由其家庭背景論之，宗主督護制之實施，當初應是北魏政權爲與地方大族維持密切關係以便於各種行事的權宜措施。因此，可推知其家族宗族之發展是具有相當自主性的，在地方社會仍維持著傳統的地位、名望。再就北魏政權立場來看，宗主督護制是管理各地宗族組織的體制，由各宗族領袖管理，具有一定基層行政組織的作用。如李憑所言：「北魏王朝意欲將宗族組織納入國家行政的軌道，要求宗主爲國家承擔『督護』基層的職責的意圖也就很明顯了。……宗主的職責中最主要的就是督護本族按『九品差調』的規定去完成國家征發的賦稅和繇役。」〔註102〕可見透過宗主督護制之實施，北魏政權之企圖總歸在於「將宗族組織納入國家行政的軌道」。但是，在宗族或是地方社會裡，政治力仍難撼動其原有組織狀態。

　　在宗主督護制實施期間，除了上述少數各地的地方大族以外，再擴大視野嘗試觀察更普遍性的現象。畢竟，漢人社會在寬廣地域上有著複雜的各種問題，更有著各種深厚的地方勢力，絕非佔人口少數的北魏統治階層所容易掌控的，所以，必須與地方社會妥協甚至讓步：

> （世祖太延元年 435 年）十有二月甲申，詔曰：「操持六柄，王者所以統攝；平政理訟，公卿之所司存；勸農平賦，宰民之所專急；盡力三時，黔首之所克濟。各修其分，謂之有序，今更不然，何以爲治？越職侵局，有紊綱紀；上無定令，民知何從？自今以後，亡匿避難，羇旅他鄉，皆當歸還舊居，不問前罪。民相殺害，牧守依法平決，不聽私輒報復，敢有報者，誅及宗族；隣伍相助，與同罪。州郡縣不得妄遣吏卒，煩擾民庶。若有調發，縣宰集鄉邑三老計貲定課，衰多益寡，九品混通，不得縱富督貧，避強侵弱。太守覆檢能否，覆其殿最，列言屬州。刺史明考優劣，抑退姦吏，升進貞良，歲盡舉課上臺。牧守荷治民之任，當宣揚恩化，奉守憲典，與國同憂。直道正身，肅居官次，不亦善乎？」〔註103〕

〔註101〕《魏書》卷49，〈李靈傳〉，頁1098。
〔註102〕李憑，〈論宗主督護〉，《北魏平城時代》，頁372。
〔註103〕《魏書》卷4上，〈世祖紀〉，頁86。

關於上述整體局勢的出現，可以從大背景來了解。北魏政權初立中原，秉持其游牧傳統征戰立國，憑藉強大軍事武力大體得以掌控各地的秩序與穩定。但是，在世祖時期大體是轉型期，隨著疆域確立而征戰日漸減少，隨行政事務增加必須與漢族地方社會展開更密切的互動。雖早在太祖天賜二年（405 年）設計以監督為目的的地方行政體制，州置三刺史，宗室一人異姓二人，郡縣也置三首長的模式。但是，如此設計並不能使政治力落實下達基層社會，無法掌控地方社會人口流動、大族勢力以及豪右反叛等複雜問題，甚至這個三級行政體系本身都是問題的來源。因此，北魏政權終究必須面對、處理基層社會面此一大區塊。

從上述引文整體來看，就是呈現對地方社會讓步以及試圖解決地方行政體系問題等兩大議題。而地方行政體系原本設置的初始目的，在於協助北魏政權掌控地方社會，也是政治力與社會力交匯的重要平台，遂使地方行政體系的問題面向極其複雜。在此，將問題專注於銜接社會力的面向。

上述引文最主要的宗旨，可以從「若有調發，縣宰集鄉邑三老計貲定課，裒多益寡，九品混通，不得縱富督貧，避強侵弱」表現出來。而且，構成主要統治階層的所謂代人群體，出任地方首長幾乎都只達到州刺史層級，非常少有任職至縣令長層級，代表與地方勢力接觸的場域「縣宰集鄉邑三老計貲定課」裡，政治力幾乎完全撤出。〔註104〕因此，這點蓋是揭露宗主督護制特質的關鍵處。所以，李沖倡行三長制首言「舊無三長，惟立宗主督護，所以民多隱冒，五十、三十家方為一戶」，不正是揭露出宗主督護制下，地方大族與各地或大或小的宗族，仍舊遂行其舊有組織體系的運行。

但是，在宗主督護制實施期間，可以容易觀察到一個現象。這些各地的大族可能透過土地擴增、吸收人口、聯姻大族或是進入官場仕宦等途徑，而擴張其家族的勢力。但是，他們各自擁有的力量就像散佈在各地一樣孤立，彼此缺乏縝密的聯結與組織，即上述所論缺乏公共領域的概念與組織機制。當北魏中央政府發動全國性政策如三長制之時，他們就會同時被影響且被整頓。

當三長制全面實施以後，短期內人口賦稅的掌握效果應是不錯的，〔註105〕

〔註104〕就《魏書》目前蒐集所見（按卷次／頁數表示），胡族出任州刺史的有：14／346、14／347、14／348、14／352、14／355、14／356、15／385、27／673、27／674、27／675、27／676、27／677、28／683、28／685、29／698、29／701、29／702～4 等，尚未見及出任縣令長者。此點應可深入全盤檢討、研究。

〔註105〕周一良，〈從北魏幾郡的戶口變化看三長制的作用〉，收入氏著，《魏晉南北朝史論集》（北京：北京大學出版社，1997 年 6 月第 1 版）。

也如上述〈食貨志〉所言：「初，百姓咸以爲不若循常，豪富并兼者尤弗願也。事施行後，計省昔十有餘倍。於是海內安之。」可以想見各地大族的現實利益必定有所減損。但是，當拉長時間來觀察時，代表政治力的三長制與地方社會的資源爭奪戰，效果是不佳的。其原因可能是三長的負擔重、三長在民間社會的聲望地位差等。〔註106〕更重要的原因，應該是上述李沖所提的三長制辦法「長取鄉人強謹者」此一關鍵。能夠有「強謹」資格而成爲三長者，大概都是地方上具有大族或是豪右背景者。如此的話，雖有三長新制但地方各式領袖依然不變，自然其所領導社會群體不會有所太大變動。況且，他們以社會勢力代表者身份居於政治力與社會力的交會處，自然以謀求社會力之最大利益爲原則。制度行之有年，必定效果不佳甚至更趨於惡化。

　　總體來說，北魏的統治策略由宗主督護制到三長制，雖然極盡辦法試圖將政治力下達基層地方社會，但是，散佈的地方社會體有著深厚的鄉土根基與強大的勢力，即使缺乏公共性組織的動能，也非北魏政權得以撼動改變。因此，我們可以說北方漢族社會雖是北魏胡族政權統治，但是，其社會組織基本型態並未被摧毀或是重組改變。

三、社會的聯繫運作

　　自漢末以來到北魏時期，漢人社會組織型態的主要演變脈絡，蓋是從塢堡組織到宗族組織。雖說演變趨勢之產生，頗多是因應於外在政治社會大環境的演變而來，而且本身的外表樣態也頗爲複雜。但是，這些社會群體得以整合在一起並產生各式功能，主要關鍵應在於內部複雜的聯繫運作機制，這也是得以產生群體認同的基礎條件。

　　以塢堡來說，「塢堡是在這個大動亂的時代，豪族們藉以自保的組織。因爲東漢以來豪族發展的結果，社會勢力日增，他們有大批部曲、賓客、門人、僮僕的依附，以及小民的投靠，平時即用作生產，戰時就成家兵。永嘉亂後的塢主就取代了往昔刺史太守令長的地位。所以塢堡不僅是生產的單位、軍事的單位，也是政治的單位」。〔註107〕因此，塢堡的組成是超越宗族範圍以外，且擔負起多樣的社會角色與功能。但是，在這些「依附」、「投靠」、「生產」

〔註106〕侯旭東，〈北朝「三長制」〉，《北朝村民的生活世界—朝廷、州縣與村里》（北京：商務印書館，2005年11月第1版），頁127～33。
〔註107〕金發根，《永嘉亂後北方的豪族》（台北：中國學術著作獎助委員會，1964年9月初版），頁110。

與「家兵」等關係背後支撐的複雜網絡得以形成更爲重要。即，這些人群關係互動網絡之形成與運作，在於面對動盪環境時，人們願意凝聚於共創的生活世界組織裡，尋求並提供生存所需的各項功能，遂在人我交融互動過程中逐漸認同於這個新的組織群體。因此，本文試圖由此細微層面來剖析漢族社會認同的複雜體系。

事實上，社會群體之組織若不持一絕對標準衡量的話，其樣態面貌是非常複雜的，端視由何種角度來觀察彼此間動態關係的過程，方能彰顯出社會組織的特色。所以，本節觀察的路徑爲使其循序漸進，依事務活動範圍的小大、參與事務人數的少多等標準，由家庭內部開始，再到家族宗族更大範圍，最後擴及鄉閭地方社會領域，嘗試以微觀方式探索其群體組成的原理。

一、家庭內部的狀況

家庭是一般人民一輩子生活最主要的環境，也是精神上歸屬、認同的主要憑藉。但是，欲了解家庭成員如何摶成凝聚於同一家庭組織之下，本文認爲可觀察其互動關係、角色定位與文化機制等層面，由此可以了解最基本社會認同之形成與加深。先舉實例並列如下：

（崔浩）作家祭法，次序五宗，蒸嘗之禮，豐儉之節，義理可觀。〔註108〕

尚書盧遐妻，崔浩女也。初，（王）寶興母及遐妻俱孕，浩謂曰：「汝等將來所生，皆我之自出，可指腹爲親。」及婚，浩爲撰儀，躬自監視。謂諸客曰：「此家禮事，宜盡其美。」〔註109〕

（李）敷兄弟敦崇孝義，家門有禮，至於居喪法度，吉凶書記，皆合典則，爲北州所稱美。〔註110〕

（辛少雍）性仁厚，有禮義，門內之法，爲時所重。……少雍妻王氏，有德義，與其從子懷仁兄弟同居，懷仁等事之甚謹，閨門禮讓，人無比焉。士大夫以此稱美。〔註111〕

（盧氏）閨門之禮，爲世所推。謙退簡約，不與世競。父母亡，然同居共財，自祖至孫，家內百口。在洛時有飢年，無以自贍，然

〔註108〕《魏書》卷35，〈崔浩傳〉，頁812。
〔註109〕《魏書》卷38，〈王慧龍傳〉，頁877。
〔註110〕《魏書》卷36，〈李順傳〉，頁834。
〔註111〕《魏書》卷45，〈辛紹先傳〉，頁1027。

尊卑怡穆，豐儉同之。親從昆弟，常旦省謁諸父，出坐別室，至暮
乃入。朝府之外，不妄交遊。其相勗以禮如此。〔註112〕

透過各式禮法的制定與實踐，安排了所有家庭成員的生活秩序，使個人生命
之重要發展階段皆有軌則可循。尤其，士族之家更著力於此層面的經營，遂
成為鄉里評量一家社會地位高低的重要依據。再觀察其彼此的互動層面：

（寇）治兄弟並孝友敦穆，白首同居。父亡雖久，而猶於平生
所處堂宇，備設幃帳几杖，以時節開堂列拜，垂淚陳薦，若宗廟然，
吉凶之事必先啟告，遠出行反亦如之。〔註113〕

（房）景伯性淳和，涉獵經史，諸弟宗之，如事嚴親。及弟
（妓）亡，蔬食終喪，期不內御，憂毀之容，有如居重。其次弟景
先亡，其幼弟景遠期年哭臨，亦不內寢。鄉里為之語曰：「有義有
禮，房家兄弟。」廷尉卿崔光韶好標榜人物，無所推尚，每云景伯
有士大夫之行業。及母亡，景伯居喪，不食鹽菜，因此遂為水病，
積年不愈。〔註114〕

（崔）孝芬兄弟孝義慈厚，弟孝演、孝政先亡，孝芬等哭泣哀
慟，絕內，蔬食，容貌損瘠，見者傷之。孝暐等奉孝芬盡恭順之禮，
坐食進退，孝芬不命則不敢也。雞鳴而起，旦參顏色，一錢尺帛，
不入私房，吉凶有須，聚對分給。諸婦亦相親愛，有無共之。〔註115〕

細看之，兄弟關係極為緊密、親密，且嚴謹程度又不低於父子關係，儼然將
傳統的父子關係延續並轉化至兄弟關係。這父子關係與兄弟關係的脈絡，應
是家庭的核心主體，標誌著家庭之組成與運作的象徵，遂極為強調重視彼此
長幼的倫理秩序。這樣的家庭互動關係，相當充分落實於家庭的內部以及擴
大到對外的事務上：

（楊）播家世純厚，並敦義讓，昆季相事，有如父子。播剛毅。
椿、津恭謙，與人言，自稱名字。兄弟旦則聚於廳堂，終日相對，
未曾入內。有一美味，不集不食。廳堂間，往往幃幔隔障，為寢息
之所，時就休偃，還共談笑。……津為司空，於時府主皆引僚佐，
人就津求官，津曰：「此事須家兄裁之，何為見問？」……一家之內，

〔註112〕《魏書》卷47，〈盧玄傳〉，頁1062。
〔註113〕《魏書》卷42，〈寇讚傳〉，頁948。
〔註114〕《魏書》卷43，〈房景先傳〉，頁977。
〔註115〕《魏書》卷57，〈崔挺傳〉，頁1271。

> 男女百口，緦服同爨，庭無間言，魏世以來，唯有盧淵兄弟及播昆
> 季，當世莫逮焉。〔註116〕

姑不評論其行爲模式的整體是非得失如何，但可確定他們是一相當成熟穩定
的生活共同體，依循足以凝聚摶成彼此關係的文化機制，由此遂塑造出成員
共同歸屬與認同的家庭組織。

二、家族宗族的範圍

從家庭擴大至家族宗族的範圍，此一更大範圍的群體社會關係，仍然是
他們所重視與強調的。由南方遷徙到北方的顏之推，很清楚觀察到此一與南
方社會不同的特質：

> 凡宗親世數，有從父、從祖、族祖。江南風俗，自茲以往通呼
> 爲尊。同昭穆者，雖百世猶稱兄弟。對他人稱之，皆云族人。河北
> 士人，雖二三十世，猶呼爲從伯從叔。梁武帝嘗問一中土人曰：「卿
> 北人，何故不知有族？」答云：「骨肉易疏，不忍言族耳。」當時雖
> 爲敏對，於理未通。〔註117〕

此一重同宗、同族關係的特質是相當普遍可見的，如：

> 杜銓，字士衡，京兆人。……銓器貌瓌雅，世祖感悅，謂浩曰：
> 「此眞吾所欲也。」以爲宗正，令與杜超子道生迎豹喪柩，致葬鄴
> 南。銓遂與超如親。超謂銓曰：「既是宗近，何緣復僑居趙郡？」乃
> 迎引同屬魏郡焉。〔註118〕

> 青州既陷，諸崔墜落，多所收贖。及（盧）淵、昶等並循父（度
> 世）風，遠親疏屬，皆爲尊行，長者莫不畢拜致敬。〔註119〕

此一重親族關係衍生出諸多凝聚彼此關係的行爲，並由此鋪陳出重人文的環
境氛圍，必能促成宗族群體的凝聚力、認同感強。所以，較大宗族群體的背
後是存在著無形但軌則明確的組織體系，並由此緊密的互動關係基礎上，在
現實環境中具體發揮著重要功能：

> 顯祖平青齊，徙其族望於代。時諸士人流移遠至，率皆飢寒。

〔註116〕《魏書》卷58，〈楊播傳〉，頁1302。
〔註117〕王利器集解，《顏氏家訓集解》（台北：漢京文化事業有限公司，1983年9月
　　　　初版）卷2，〈風操篇〉，頁94。
〔註118〕《魏書》卷45，〈杜銓傳〉，頁1018～9。
〔註119〕《魏書》卷47，〈盧玄傳〉，頁1062。

徒人之中，多（高）允姻媾，皆徒步造門。允散財竭產，以相贍賑，慰問周至。無不感其仁厚。〔註120〕

（高）聰，徙入平城，與蔣少遊爲雲中兵戶，窘困無所不至。族祖允視之若孫，大加賙給。〔註121〕

太原王希者，（郭）逸妻之姪，共相賙恤，得以饒振。〔註122〕

高允等的救濟賙恤是典型的代表，使得宗親凝聚團結，正是漢族社會組成的特質：

北土重同姓，謂之骨肉。有遠來投者，莫不竭力營贍。若不至者，以爲不義，不爲鄉里所容。〔註123〕

更可注意者在於，此一漢族社會特質已成爲群體的共識並於輿論上形成影響力。

三、地方社會的領域

地方社會領域範圍更大，組成成員背景更多樣，往往組成地方社會群體是以所謂的「民望」人物爲核心：〔註124〕

延興初，陽武人田智度，年十五，妖惑動眾，擾亂京索。以（鄭）羲河南民望，爲州郡所信，遣羲乘傳慰諭。羲到，宣示禍福，重加募賞，旬日之間，眾皆歸散。〔註125〕

及鮮於脩禮起逆，（崔）孝演率宗屬保郡城，爲賊攻陷。賊以孝演民望，恐移眾心，乃害之，時年四十。〔註126〕

鄭羲與崔孝演的「民望」領導者角色，對地方社會情勢發展有著關鍵的影響力，官方與盜賊都知道這樣的組織型態。

這些地方社會組織的運作主要表現在下列事務：

（一）救恤宗族與地方

補充政治組織之外的地方自發性社會救濟功能，這些名望家人物扮演極爲關鍵的角色。此種無形的社會組織有著深遠的影響力：

〔註120〕《魏書》卷48，〈高允傳〉，頁1089。
〔註121〕《魏書》卷68，〈高聰傳〉，頁1520。
〔註122〕《魏書》卷64，〈郭祚傳〉，頁1421。
〔註123〕《宋書》卷46，〈王懿傳〉，頁1391。
〔註124〕關於「民望」的重要性，康樂已撰有〈民爵與民望〉探討，收入氏著，《從西郊到南郊》。
〔註125〕《魏書》卷56，〈鄭羲傳〉，頁1238。
〔註126〕《魏書》卷57，〈崔挺傳〉，頁1270。

　　（房）景遠，字叔遠。重然諾，好施與。頻歲凶儉，分贍宗親，又於通衢以食餓者，存濟甚眾。平原劉郁行經齊克之境，忽遇劫賊，已殺十餘人。次至郁，郁呼曰：「與君鄉近，何忍見殺！」賊曰：「若言鄉里，親親是誰？」郁曰：「齊州主簿房陽是我姨兄。」陽是景遠小子。賊曰：「我食其粥得活，何得殺其親！」遂還衣服，蒙活者二十餘人。〔註127〕

　　（韋）朏，字遵顯，少有志業。年十八，辟州主簿。時屬歲儉，朏以家粟造粥，以飼飢人，所活甚眾。〔註128〕

　　（盧）義禧少時，幽州頻遭水旱，先有穀數萬石貸民，義禧以年穀不熟，乃燔其契。州閭悅其恩德。〔註129〕

使得地方民眾得以生存下去並穩定社會秩序。

（二）率領地方團結自保

　　當遭遇亂事時，民望領袖往往必須率領地方起而對抗：

　　孝昌中，其鄉人劉蒼生、劉鈞、房須等作亂，攻陷郡縣，頻敗州軍。時（房）士達父憂在家，刺史元欣欲逼其為將，士達以禮固辭。欣乃命其友人馮元興謂之曰：「今合境從逆，賊徒轉熾，若萬一陷州，君家豈得獨全？既急病如此，安得顧名教也。」士達不得已而起，率州郭之人二千餘人，東西討擊，悉破平之。〔註130〕

在河東聞喜裴駿的例子裡，則是主動籌組鄉勇保衛地方：

　　蓋吳作亂於關中，汾陰人薛永宗聚眾應之，屢殘破諸縣，來襲聞喜。縣中先無兵仗，人情駭動，縣令憂惶，計無所出。駿在家聞之，便率屬鄉豪曰：「在禮，君父有危，臣子致命。府縣今為賊所逼，是吾等徇節之秋。諸君可不勉乎！」諸豪皆奮激請行，駿乃簡騎驍勇數百人奔赴。賊聞救至，引兵退走。刺史嘉之，以狀表聞。會世祖親討蓋吳，引見駿，駿陳敘事宜，甚會機理。世祖大悅，顧謂崔浩曰：「裴駿有當世才具，且忠義可嘉。」補中書博士。〔註131〕

〔註127〕《魏書》卷43，〈房景遠傳〉，頁982～3。
〔註128〕《魏書》卷45，〈韋閬傳〉，頁1015。
〔註129〕《魏書》卷47，〈盧玄傳〉，頁1054。
〔註130〕《魏書》卷43，〈房法壽傳〉，頁976。
〔註131〕《魏書》卷45，〈裴駿傳〉，頁1020～1。

甚至還有率領地方參與北魏征戰者：

> 隨蕭寶夤西征，以（李）瑒爲統軍，假寧遠將軍。瑒德洽鄉閭，
> 招募雄勇，其樂從者數百騎，瑒傾家賑恤，率之西討。〔註132〕

綜觀上述社會組織的聯繫運作，由家庭內部到社會外部，在各種事務進行過程中，都可以觀察到地方民眾自行凝聚組織以克服問題的發展動能。由此可見地方社會力之所以深厚，實在於不同層級組織的綿密聯繫運作而有以致之。且，在他們這些日常生活具體的實踐經驗中，不可忽視的是，背後有著強烈價值意識的支撐。在這些事務的緊密關係裡所表現者，即地方社會或大或小的群體已經高度融合爲一生活共同體。如此交錯緊密聯繫的社會景象，具體表現於崔挺之例：

> （崔）挺幼居喪盡禮。少敦學業，多所覽究，推人愛士，州閭
> 親附焉。每四時與鄉人父老書相存慰，辭旨款備，得者榮之。三世
> 同居，門有禮讓。於後頻值飢年，家始分析，挺與弟振推讓田宅舊
> 資，惟守墓田而已。家徒壁立，兄弟怡然，手不釋卷。時穀糴踊貴，
> 鄉人或有贍者，遺挺，辭讓而受，仍亦散之貧困，不爲畜積，故鄉
> 邑更欽歎焉。〔註133〕

從家庭、宗族到鄉閭社會，雖是不同層次的社會組織群體，但從彼此緊密、和諧的互動關係來看，並無明顯的區隔界線存在，如同是一融合無間的社會群體。能夠形成如此貫通一致的社會體，關鍵應在其以禮爲核心的組織原理，〔註134〕並由此延伸、凝聚出強大的社會力。

第三節　士族共同體意識

一、士族的文化傳統

　　北魏士族群體得以形成爲一跨越時、空限制的共同體，很重要的一個基本條件在於繼承的文化傳統。錢穆曾明確指出北朝士族之文化傳統，謂之西漢公羊學精神。他們想憑藉孔子經典在政治上爭地位，來爲北方社會謀轉機。

〔註132〕《魏書》卷53，〈李孝伯傳〉，頁1178。
〔註133〕《魏書》卷57，〈崔挺傳〉，頁1264。
〔註134〕本文所提之論點，雖與谷川道雄〈六朝名望家統治的構想〉（收入氏著，《中國中世社會與共同體》，北京：中華書局，2002年12月北京第1版）有部份的類同，但顧多層面可再做更多的討論、比較。

在他們之間存有一種共同的大趨勢，即想通經致用，把經學變成當代興王致治之學。〔註135〕因此，繼承著西漢公羊學通經致用傳統，士族憑藉發展出來的門第之力，「故使社會在極度兇亂中而猶可保守傳統，終以形成一種力量，而逼出胡漢合作之局面」。〔註136〕

陳寅恪則謂此文化傳統爲「家世傳統之政治理想」，此一理想是以儒家文化爲主要內涵，展現於實務上是必須高官加博學。事實上，兩者所論的文化傳統內涵概略相同，都有涵蓋價值理念與實務經營的層面。本文嘗試在此基礎上，驗證於北魏士族的具體言行中。

陳寅恪與錢穆皆曾提出學術文化朝向地方化與家門化的發展趨勢，〔註137〕如此的發展正使其可以繼承保留舊傳統。在范陽盧氏、趙郡李氏數代的紀錄上，表露出士族文化傳統的延續：

> （盧玄）祖偃，父邈，並仕慕容氏爲郡太守，皆以儒雅稱。神
> 䴥四年，辟召儒儁，以玄爲首，授中書博士。……（子度世）弱冠，
> 與從兄遐俱以學行爲時流所重。……（孫淵）性溫雅寡欲，有祖父
> 之風，敦尚學業，閨門和睦。〔註138〕

> （李孝伯）父曾，少治《鄭氏禮》、《左氏春秋》，以教授爲業。……
> 太祖時，徵拜博士，出爲趙郡太守，……孝伯少傳父業，博綜群言。
> 美風儀，動有法度。〔註139〕

相信范陽盧氏、趙郡李氏之外，其他門第也是如此世代傳承學術文化，並融合成爲家業，塑造成爲家風。

〔註135〕 錢穆，〈孔子與春秋〉，收入氏著，《兩漢經學今古文平議》（台北：東大圖書股份有限公司，1989年11月3版），頁257。

〔註136〕 錢穆，〈略論魏晉南北朝學術文化與當時門第之關係〉，收入氏著，《中國學術思想史論叢（三）》（台北：東大圖書股份有限公司，1985年10月3版），頁198。

〔註137〕 陳寅恪，〈崔浩與寇謙之〉，收入氏著，《陳寅恪先生文集（一）》，頁131：「東漢以後學術文化，其重心不在政治中心之首都，而分散於各地之名都大邑。是以地方大族盛門乃爲學術文化之所寄託。中原經五胡之亂，而學術文化尚能保持不墜者，固由地方大族之力，而漢族之學術文化變爲地方化及家門化矣。」；錢穆，〈略論魏晉南北朝學術文化與當時門第之關係〉，收入氏著，《中國學術思想史論叢（三）》，頁198：「當時一切學術文化，可謂莫不寄存於門第中，由於門第之護持而得傳習不中斷，亦因門第之培育，而得生長有發展。」

〔註138〕 《魏書》卷47，〈盧玄傳〉，頁1045～7。

〔註139〕 《魏書》卷53，〈李孝伯傳〉，頁1167。

後來，將地方化、家門化的學術文化推回中央政府體制，扮演關鍵推手的可能就是高允：

> 詔允曰：「……朕既篡統大業，八表晏寧，稽之舊典，欲置學官
> 於郡國，使進修之業，有所津寄。卿儒宗元老，朝望舊德，宜與中、
> 祕二省參議以聞。」允表曰：「臣聞經緯大業，必以教養爲先；成秩
> 九疇，亦由文德成物。……臣承旨敕，並集二省，披覽史籍，備究
> 典紀，靡不敦儒以勸其業，貴學以篤其道。……使先王之道，光演
> 於明時；郁郁之音，流聞於四海。……其博士取博關經典、世履忠
> 清、堪爲人師者，……學生取郡中清望，人行修謹，堪循名教者，
> 先盡高門，次及中第。」顯祖從之。郡國立學，自此始也。〔註140〕

高允將過去門第內傳承的學術文化轉爲公家化、制度化，如此更能將私家內部
學術文化擴展、普及。更重要者是，即「使先王之道，光演於明時」，使士族
素來傳承的儒家文化傳統給予體制化，正式得到北魏政府的支持。至於，學生
優先選取門第子弟，當是現實狀況的可行之道，如此也給予門第子弟極大的保
障。此事表面上僅是地方的「郡國立學」而已，但，重大意義在於：將地方化、
家門化的學術文化轉變爲國家的學術文化，將漢人士族的學術文化傳統融入於
國家體制。因此，這項政策對漢人士族的傳統而言，實是一突破性的進展。即
使就胡、漢民族關係的演變而言，實代表雙方深度文化的一大轉變。

此外，學術文化不僅是士族群體最顯著的外在標誌，更在此傳統中塑造
出他們的生命價值與自我定位。所以，有些士族對於所繼承的文化傳統有著
相當高度的堅持與認同：

> （盧玄曾孫）義禧，字遠慶，早有學尚，識度沉雅。……散稚
> 多年，澹然自得。李神儁勸其干謁當途。義禧曰：「學先王之道，貴
> 行先王之志，何能苟求富貴也。」〔註141〕

> （裴）宣家世以儒學爲業，常慕廉退。每歎曰：「以貫誼之才，
> 仕漢文之世，不歷公卿，將非運也！」乃謂親賓曰：「吾本閭閻之士，
> 素無當世之志，直隨牒推移，遂至於此。祿後養親，道不光國，瞻
> 言往哲，可以言歸矣。」因表求解。〔註142〕

〔註140〕《魏書》卷48，〈高允傳〉，頁1077～8。
〔註141〕《魏書》卷47，〈盧玄傳〉，頁1053。
〔註142〕《魏書》卷45，〈裴駿傳〉，頁1023～4。

他們對生命的定位極為明確，堅持於保有傳統「先王之道」的尊嚴並企求實踐，故不輕易向世俗勢力低頭妥協，遂也顯得較為頑固、保守而不願入世致用。而，另有一些則選擇抱持入世參與精神，偏重於理想與現實兼顧：

> 崔辯，字神通，博陵安平人。學涉經史，風儀整峻。顯祖徵拜中書博士。散騎侍郎、平遠將軍、武邑太守。政事之餘，專以勸學為務。……長子景儁，梗正有高風，好古博涉。以經明行修，徵拜中書博士。〔註143〕

> （游）肇，儒者，動存名教，直繩所舉，莫非傷風敗俗。持法仁平，斷獄務於矜恕。……肇外寬柔，內剛直，耽好經傳，手不釋書。治《周易》、《毛詩》，尤精《三禮》。為《易集解》，撰《冠婚儀》、《白珪論》，詩賦表啟凡七十五篇，皆傳於世。謙廉不競，曾撰〈儒棊〉，以表其志焉。〔註144〕

他們進入官場任職，在保有一定政治地位的基本條件下，融合傳承之學術文化於自我實踐與各項事務的管理上，遂具體表現出「經明行修」與「動存名教」的通經致用精神。

崔浩與高允是少數得以深入參與北魏政治事務的漢士，對北魏歷史文化發展影響至為重要，他們充分發揮漢儒通經致用精神於當時的政治社會實務上。例如崔浩尚傳承漢代經學陰陽術數的傳統，結合運用於政軍大事：

> 太宗好陰陽術數，聞浩說《易》及《洪範》五行，善之，因命浩筮吉凶，參觀天文，考定疑慮。浩綜覆天人之際，舉其綱紀，諸所處決，多有應驗，恒與軍國大謀，甚為寵密。〔註145〕

太宗之「好陰陽術數」，極可能就是深受崔浩之影響。高允除了將士族的學術文化傳統結合於國家體制以外，他更將學術文化傳統精神發揮的更為落實而細膩：

> 允以高宗纂承平之業，而風俗仍舊，婚娶喪葬，不依古式，允乃諫曰：……《禮》云：嫁女之家，三日不息燭；娶婦之家，三日不舉樂。今諸王納室，皆樂部給伎以為嬉戲。……萬物之生，靡有死，古先哲王，作為禮制，……今國家營葬，費損巨億，……夫

〔註143〕《魏書》卷56，〈崔辯傳〉，頁1250～1。
〔註144〕《魏書》卷55，〈游明根傳〉，頁1216～8。
〔註145〕《魏書》卷35，〈崔浩傳〉，頁807。

> 饗者，所以定禮儀，訓萬國，故聖王重之。……今之大會，內外相
> 混，酒醉喧譊，固有儀式。……今陛下當百王之末，踵晉亂之弊，
> 而不矯然釐改，以屬頹俗，臣恐天下蒼生，永不聞見禮教矣。允言
> 如此非一，高宗從容聽之。〔註146〕

他不似崔浩著眼於高層的政軍大事，只是著眼於拓跋胡族具體的生活事物，
但卻是關係於胡族傳統文化之核心，遂更具深遠的影響力。很顯然地，他以
漢族傳統之禮教來試圖規範、改變胡族當時所傳承的婚、喪禮。甚至，大膽
批判胡族七月「講武馳射」的傳統大會已經失去傳統精神。高允這項指控批
評，是值得高度注意的。因為，七月「講武馳射」大會正是胡族傳統精神之
重要表徵，他勇敢的批評之舉較一般士人的「經明行修」，決不可以道里計。

　　若就胡族文化傳統的立場而言，高允的言行實有漢族文化自我中心之嫌，
但就胡、漢文化發展、交流的寬廣角度來看，高允通經致用之事誠為大事。他
避居鄉里的弟弟高燮「每詔徵，辭疾不應」，常譏笑他「屈折久宦，栖泊京邑」。
殊不知兄長之所為，實為秉持素來之文化傳統而任重道遠地親身踐履。

二、士族的群體認同

　　大概古今中外任何一個社會群體皆有其共同認同的標誌，並進而形成精
神上的共同體意識，累積沉殿並再演化發展之後，遂塑造成為文化體系的重
要組成部分，此一無形的文化價值往往成為個人與群體行為的指導原理。在
北魏政權下，漢人士族的言行向來受到高度的關注，所討論的層面已多。但，
本文在此試圖再探索一個新層面，以「共同體意識」來揭開士族群體的特質。

　　在北魏拓跋政權的基本架構下，大體胡族的位置多居於政治之一端，漢
族的位置多居於社會之一端。追求政治與社會領域的互動、整合，大概是北
魏胡族統治階層最難以突破的統治關鍵，根本原因就是胡、漢文化、種族之
差距大。在這樣的政治社會狀況下，向來身處政治社會交接、轉圜處的漢人
士族便成為關鍵性的角色。士族多具備自主意識、覺察能力並投身參與政治
或社會性活動，故常影響著政治、社會的演進動向。所以，由此來觀察士族
群體表現出來的共同意識及其認同的標誌，便顯得重要而有意義了。尤其，
他們對這個生活世界的回應動作，成為很重要的觀察對象，也是我們探討漢
人士族特色的關鍵處。

〔註146〕《魏書》卷48，〈高允傳〉，頁1073～5。

從時代性的崔浩事件說起。〔註147〕在事件發生前，具有姻親關係的崔浩與盧玄曾經有一段對話：

> 司徒崔浩，（盧）玄之外兄，每與玄言，輒歎曰：「對子真，使我懷古之情更深。」浩大欲齊整人倫，分明姓族。玄勸之曰：「夫創制立事，各有其時，樂為此者，詎幾人也？宜其三思。」浩當時雖無異言，竟不納，浩敗頗亦由此。〔註148〕

兩人因有姻親關係而親近、熟識，故將對方視為同一社會群體自不待言。再從雙方對話內容的深刻性來看，兩人間還有著文化性共同體的層面。兩人間存在著深沉的共識，此共識即崔浩所流露的「懷古之情」，也是崔浩急欲以「齊整人倫，分明姓族」所追求者。對於兩人簡短對話內容的研究解讀，一般多視之為士族群體對國家社會的建構存在著共同的理想藍圖。這樣深刻的共同體意識，隱然成為北魏漢人士族群體推進政治社會演進的動力。但，對胡族政權而言，此一共同理想藍圖如此陌生、遙遠，所以，理應需胡族的文化自覺與選擇，才有實現的可能限。

陳寅恪在〈崔浩與寇謙之〉一文，指出這個共同體意識就是儒家大族的傳統。他認為崔浩繼承自東漢末以下至司馬氏的儒家傳統，亦欲恢復儒家的政治理想，所以，司馬氏與崔氏「同屬於一社會階級」。〔註149〕由此研究進一步思之，在北魏與崔浩「同屬於一社會階級」的士族群體，也是基於共同的文化背景。崔浩便是試圖領導這群士族共同體，以高官與博學為基本條件，以實現其貴族政治理想。

對於上述兩人對話所流露的共同體意識，我們必須考慮到當時的政治情勢有以致之。胡族統治階層掌握著政軍優勢，其政治威權絕對是難以挑戰的，絕非單憑士人單人之力所能為的。況且，胡族群體在政治體制上是統治者的身分以外，他們的內在是凝聚性極強的游牧民族共同體。在周圍漢人世界的包圍下，胡族群體必更加鞏固素有的認同標誌，自然也會產生胡族的共同體意識。這樣敏感的政治情勢對於身居高層的崔浩而言，若是急欲尋求政治改

〔註147〕關於崔浩事件，陳識仁撰有研究史回顧與綜合性討論的〈北魏崔浩案的研究與討論〉，是目前最具總論性質的專文，刊於《史原》第21期（1999年2月），後來再撰有〈崔浩案外二題〉，收入黃清連編，《結網三編》（台北：稻鄉出版社，2007年8月初版）。本文從士族共同體意識的角度入手，試做觀察討論。

〔註148〕《魏書》卷47，〈盧玄傳〉，頁1045。

〔註149〕陳寅恪，〈崔浩與寇謙之〉，《陳寅恪先生文集（一）》，頁132。

革，唯一可尋求的支援力量就是基於士族共同體意識所激發出的力量了。所以，當時這個政治紅線必定是極爲敏感的。崔浩跨越紅線的躁進改革，必定激起胡族共同體的不安與反擊。

對於當時政治社會環境所形成的敏感紅線，高允的拿捏是最準確的：

> （閔湛）勸浩刊所撰國史于石，用垂不朽，欲以彰浩直筆之跡。
>
> 允聞之，謂著作郎宗欽曰：「閔湛所營，分寸之間，恐爲崔門萬世之禍。吾徒無類矣。」未幾而難作。〔註150〕

由此看來，高允認爲在北魏政權之下，漢人士族與胡族統治階層之間，存在著明顯的區隔界線。閔湛一點點的私心自用，使崔浩越過這條底線而惹來殺身之禍。高允的言談之間，充分流露出對敏感紅線的高度謹愼與萬分擔憂。在此，更重要者恐在於「吾徒無類矣」一語所透露的區隔界線訊息。高允清楚表明：在胡族政治的現實環境下，漢人士族是被胡族視爲同一群體的，而漢人士族也自視爲同屬一類的群體。這個存在的區隔，當然主要是因拓跋族不同文化背景以及擁有統治支配權所導致，因此，在這樣的環境狀況下，自然使得高允等士族益感覺互屬同一群體，進而激發出共同體意識。所以，這個同一群體感受的形成，實來自於胡漢族群因立場、利益以及文化等之不同，這個氛圍實難以避免。

進一步深論之，這個明顯區隔狀況的背後，根柢的原因實來自於各自的文化根源不同，導致認同的對象事物亦不同，自然其所形成的價值系統也不同。這種較爲深沉文化層面，對於漢人士族群體是其共同的價值標準。例如高允了解崔浩亦欲彰顯直筆的史學傳統，這對於漢人士族而言當然也是必行之事。可是這件也是隱微之事，對於不了解深義的胡族統治階層而言，是無法被接受、被容忍的。這個凝聚漢人士族成爲一共同體的價值體系，高允亦曾在恭宗事後責怪時坦言直述：

> 允曰：「……夫史籍者，帝王之實錄，將來之炯戒，今之所以觀往，後之所以知今。是以言行舉動，莫不備載，故人君愼焉。……至於書朝廷起居之跡，言國家得失之事，此亦爲史之大體，未爲多違。然臣與浩實同其事，死生榮辱，義無獨殊。」〔註151〕

高允所言「帝王之實錄」即「史之大體」，這是他與崔浩的價值共識來源。他

〔註150〕《魏書》卷48，〈高允傳〉，頁1070。
〔註151〕《魏書》卷48，〈高允傳〉，頁1071。

們都具有漢儒性格，從學術立場出發而秉持「以史經世」與「以史制君」的觀點。〔註152〕更重要者在於，兩人同任職於史局著作之事，高允認為與崔浩所持理念相同，因此，擴大至「死生榮辱」的大事都應該同在一起，充分表露出士族的共同體意識。因此，兩人既有共同的價值意識，自能凝成為共同體意識。由此可見，在北魏政權之下，兩人的關係可謂緊密相連的生命共同體。這樣深刻的士人關係，應該是士族群體關係的典型代表。

再就崔浩事件過程中觀察其他面向，亦表現出士族共同體意識：

> （盧）度世後以崔浩事，棄官逃於高陽鄭羆家，羆匿之。使者囚羆長子，將加捶楚。羆戒之曰：「君子殺身以成人（仁），汝雖死勿言。」子奉父命，遂被考掠，至乃火爇其體，因以物故，卒無所言。度世後令弟娶羆妹，以報其恩。〔註153〕

高陽鄭羆與盧度世同屬士族家庭，不僅彼此對拓跋政權之政治追殺有對抗之共識，且也彼此援助互保。兩家看似各自獨立的家庭，但在政治壓力下，顯現為凝聚性極高的共同體。更可深思者在於，鄭羆家願「殺身以成人（仁）」力挽盧度世之生命，此若非具有高度價值意識的支撐否則不可能如此果決。所以，由此可推論士族群體間能緊密相繫至生死與共，在其群體中必存在著共同的價值體系。還有眭夸之例：

> （眭）夸與崔浩為莫逆之交。浩為司徒，奏徵為其中郎，辭疾不赴。州郡逼遣，不得已，入京都。……時朝法甚峻，夸既私還，將有私歸之咎。浩仍相左右，始得無坐。……及浩誅，為之素服，受鄉人弔唁，經一時（三月）乃止。歎曰：「崔公既死，誰能更容眭夸！」遂作〈朋友篇〉，辭義為時人所稱。〔註154〕

兩人的莫逆之交裡，必存在著以價值理念為基礎的深刻情感，故能彼此相容。

士族共同體意識的產生，就上述崔浩事件的「史之大體」、鄭羆長子的「殺身以成人（仁）」與眭夸與崔浩的莫逆之交來看，當是先由傳統價值意識的傳承，再進一步親身實踐於環境中而成為士族群的共同體意識。在觀察這樣的過程中，可見傳統優良的價值意識終究只是精神上的理念而已，可貴者在於

〔註152〕雷家驥師，《中古史學觀念史》（台北：台灣學生書局，1990年10月出版），第八章〈「以史制君」與反制〉，闡發「以史制君」之深義已詳，從史官的角度論述胡、漢文化之深度衝突，極具啟發、參考之價值。

〔註153〕《魏書》卷47，〈盧玄傳〉，頁1046。

〔註154〕《魏書》卷90，〈眭夸傳〉，頁1930。

當代士族勇敢的親身踐履。由此每一士人同樣地實踐，遂匯聚成爲共同體意識。〔註155〕

再看高允在老年因「昔歲同徵，零落將盡，感逝懷人」所著的〈徵士頌〉，來就此事試對士族共同體做解讀：

> 夫百王之御士（世）也，莫不資伏群才，以隆治道。故周文以多士克寧，漢武以得賢爲盛。此載籍之所記，由來之常義。魏自神有已後，宇內平定，……於是偃兵息甲，修立文學，登延俊造，酬諮政事。夢想賢哲，思遇其人，訪諸有司，以求名士。咸稱范陽盧玄等四十二人，皆冠冕之冑，著問州邦，有羽儀之用。親發明詔，以徵玄等。乃曠官以待之，懸爵以麇之。其就命三十五人，自餘依例州郡所遣者不可稱記。爾乃髦士盈朝，而濟濟之美興焉。昔與之俱蒙斯舉，或從容廊廟，或游集私門，上談公務，下盡忻娛，以爲千載一時，始於此矣。……群賢遭世，顯名有代，志竭其忠，才盡其概。體襲朱裳，腰紐雙佩，榮曜當時，風高千載。君臣相遇，理實難偕，昔因朝命，舉之克諧。披衿散想，解帶舒懷，此忻如昨，存亡奄乖。〔註156〕

首先，就所引頌文內容來掌握要旨：

第一，高允的論述充分表現出士族的基本特質：高度的政治意識與參政取向。他從歷史經驗來加強「群才」參政的正當性與必要性，凸顯士族與政治的結合是一美好、自然之事。如此的言論出現於顯祖之時，透露出從世祖徵才至今北魏政權與漢人士族間距離的大幅拉近。

第二，就命的三十五人，都是中央「親發明詔」直接點名的「冠冕之冑」，其餘有更多的次等士族是由地方州郡推薦派遣。由此區別來看，這三十五人的意義便顯得重要了，他們是政權中央清楚表明欲吸收的重要士族。這個政策可能也代表著，北魏政權認爲他們是具有較高社會地位的士族。若說如此推論適當的話，不正符合於崔浩所欲推動的貴族政治構想。

第三，這三十五個才士被政治力從各地聚集在代京首都，一起工作、交

〔註155〕本文認爲可以「共同體意識」來理解崔浩推動改革所形成的「崔浩政團」，孫同勛師於〈北魏初期胡漢關係與崔浩之獄〉中所提出，收入氏著，《拓拔氏的漢化及其他—北魏史論文集》（台北：稻鄉出版社，2005年3月初版），頁190。

〔註156〕《魏書》卷48，〈高允傳〉，頁1081～5。

遊與生活，對高允而言真可謂難得的「千載一時」。但是，他們與北魏政權之間難道都和諧無歧見地融合共處？從高允所說「君臣相遇，理實難偕」透露出些許訊息，主要是世祖的「朝命」重視與認同，才使得士族們享有政治的榮耀以及得以順利銜接於北魏政權。

接下來更可探問者，為什麼高允要在晚年發文撰寫〈徵士頌〉？他晚年所感懷的人事物如就上述引文所言，即「髦士盈朝，而濟濟之美興焉。昔與之俱蒙斯舉，或從容廊廟，或游集私門，上談公務，下盡忻娛，以為千載一時」。讚美這段共處經驗所表露的價值意識為何？

〈徵士頌〉文對每一位士人的人格特質與專擅特長都有深刻的描述，高允意在指出他們的「才」難得能貢獻於朝廷。他指出士人的悠遠傳統即是高度參與政治，貢獻己力於政治社會的至理。如今，北魏政權以政治力將散在各地的人才共聚一朝，雖然就士人的政治理念會產生「君臣相遇，理實難偕」的必然境況，或者，存在著深刻民族界限而難以明說等問題。但是，畢竟北魏政權徵士之舉，是符合於「百王之御士（世）也，莫不資伏群才，以隆治道」的悠遠傳統，也達成「群賢遭世，顯名有代，志竭其忠，才盡其概」的成就，所以，高允基本上應該是相當肯定北魏徵士之舉。因此，高允臨老發文撰寫當年風華，最重要者在於表露出士人群體學而優則仕的悠遠傳統，這是他們的共同體意識，也是他們自我價值之所在，而北魏政權之政治作為促成了這場「千載一時」的難得場景，而使高允深刻難忘。

最後，對陳寅恪於〈崔浩與寇謙之〉提出之士族共同體意識的義涵做進一步的推論詮釋，他的觀點認為以高官與博學為基礎的政治理想。持此觀點衡量史實可見：

> 正光三年（522年），太保崔光奏曰：「臣聞太上立德，其次立功、立言。死而不朽，前哲所尚；思人愛樹，自古稱美。故樂平王從事中郎敦煌劉昞，著業涼城，遺文茲在，篇籍之美，頗足可觀。如或懲艾，當蒙數世之宥，況乃維祖逮孫，相去未遠，而令久淪皂隸，不獲收異，儒學之士，所為竊歎。臣忝職史教，冒以聞奏，乞敕尚書，推檢所屬，甄免碎役，用廣聖朝旌善繼絕。敦化厲俗，於是乎在。」四年六月詔曰：「昞德冠前世，蔚為儒宗，太保啟陳，深合勸善。其孫等三家，特可聽免。」河西人以為榮。〔註157〕

〔註157〕《魏書》卷52，〈劉昞傳〉，頁1161。

劉昞在世祖平涼州以前，即是名聞河西的碩儒，受業學徒數百人，從李暠到沮渠氏政權皆尊禮爲官。待世祖進入涼州時，「夙聞其名」，遂拜爲樂平王從事中郎。但是，不久之後年老的劉昞病逝於河西，只有三個兒子東遷代京，而且是「分屬諸州，爲城民（即皂隸）」。數十年之後，尚書李沖看到劉家門戶的衰落，爲之爭取一子爲地方縣令。李沖所持的理由是「昞河右碩儒，今子孫沉屈，未有祿潤，賢者子孫宜蒙顯異」。當時，李沖所彰顯的價值是「碩儒」與「賢者」，這與他本人也是儒學人物當然有關，更重要者在於高祖朝政府對儒學此一價值的認同。在此細微處可見的是，士族群體之所以成爲跨越時間空間限制的共同體，便在於價值意識。而且，這個價值意識可能已經穩健地落實於政治體中。〔註158〕

　　或有以爲是因爲高祖的重視漢人文化而有以致之。但是，再看上述崔光又在三十餘年後的上奏，更見他清楚標舉儒學之價值。他認爲：劉昞子孫久爲皂隸令「儒學之士，所爲竊歎」，若將其甄免城民碎役，可彰顯北魏政權的「旌善繼絕」與「敦化厲俗」。當劉家子孫免除碎役時，也令河西的基層群眾感到榮耀。由上述現象觀察之，可見儒學價值體系的存在狀況，上從政治體到士族群體再到下層社會皆已是穩定的價值觀。顯見士族群體已將其共同體的意識推動進入政治圈，也將之落實於基層社會。若由此細微處的觀察推論無誤的話，可確立出士族共同體對北魏政治社會塑造、整合之影響力。

三、試論豪族共同體

　　上述「士族的群體認同」所論，主要著眼於說明士族群體對於參政傳統的重視，因爲，透過如此與政權的結合才能將其所傳承的儒學價值觀上達於政治領域。至於，向下落實於基層社會部份，除了上節「社會的聯繫運作」所論以外，再藉由谷川道雄的「豪族共同體」來試做進一步的討論。〔註159〕

　　谷川道雄的論述意識在於所謂社會的組織構成原理。他認爲豪族階級在

〔註158〕宋德熹師、張文杰，〈北朝政權中河西大姓的角色與定位〉，《興大人文學報》第34期（2004年6月）。本文就河西大姓入魏後的待遇、太和改革的參與以及遭遇的政治處境等角度，重新評估河西文化的歷史作用。本文以爲可從價值意識傳布與凝成的角度，來觀察士族突破時、空限制而匯成社會文化的力量。

〔註159〕豪族共同體自川勝義雄發展至谷川道雄而成，是涉及層面廣大的理論觀點，不易簡單說清楚。尤其，諸多基本概念如「貴族」、「豪族」或「士族」等尚未產生共識與定位，故仍待更多的比較研究。

東漢末以來的戰亂中能成爲地方社會的領導中心，關鍵在望族的賑恤貧民、放棄債權、領導生產、調解糾紛、組軍自衛與施捨撫養等行爲的作用。望族能展現如此行爲完全依靠個人的道德心，以及來自於社會的兩個約束力量起著作用，第一個是社會輿論力量，第二個家風的約束力量。所以，便推論出這種望族的家族道德就是形成鄉黨社會的關鍵。這種以望族爲中心所形成的血緣的、地緣的社會集團，就叫做「豪族共同體」。〔註160〕

上述論點姑且不論史料的證實程度有多少，不可否認其對基層社會橫向結構組織的剖析相當深入，且是相當有系統的。但是，侯旭東提出質疑「豪族共同體」之論。〔註161〕他認爲這種說法關注於基層社會結構的分析，但都以豪族爲觀察的中心，也是一種自上而下的觀察，缺少基層民眾的真實影像。所以，侯旭東從基層民間活動的角度切入，試圖探索不同的社會結構。透過基層邑義組織造像活動的探討，他發現「三次造像都是以村中的邑義爲組織形式，動員了多個姓氏的村民參與的活動，而且村內似乎看不到以『姓氏』爲紐帶的組織活動，乃至存在的跡象」。〔註162〕所以，如果依據豪族共同體理論來了解社會組織的話，這個村落的組織形式似乎是例外了。

但是，本文認爲其研究結果與豪族共同體論可能是並不衝突的。首先，上述雖然只是個案研究，但所論現象應仍具有相當的普遍性，並非只有該地才出現。但爲何所見的社會組織不同於谷川道雄的豪族共同體論？本文認爲村落組織廣佈於各個地域，豪族的權力網絡或是影響力不可能滲透及於每個角落，自然會有相當多的空間地帶。所以，基層社會組織的分布型態，就可能是或大或小的組織體散佈在廣泛的地域空間上，各有其組織民眾的功能。

再者，就人民生活習性與需求而言，時間長久後自然會適應並認同於該地域空間，並由民眾共同的生活經驗裏創設出彼此聯繫、互動的管道，上述邑義組織造像活動就是一個典型範例。所以，應該說任何一個地域空間裡，民眾都會主動創設出各式的組織活動，使彼此有凝聚團結的固定時空場所，只是這個活動的組織性是緊密或是鬆散而已。畢竟，基層民眾的多樣性生活

〔註160〕谷川道雄著，姜鎭慶譯，〈魏晉南北朝及隋唐的社會和國家〉，《中國史研究》1986年第3期。

〔註161〕侯旭東，〈評論谷川道雄《中國中世社會與共同體》〉，收入氏著，《北朝村民的生活世界—朝廷、州縣與村里》。

〔註162〕侯旭東，〈北朝并州樂平郡石艾縣安鹿交村的個案研究〉，收入氏著，《北朝村民的生活世界—朝廷、州縣與村里》，頁247。

需求，除了自身的努力經營以外，尙有必須自社會性組織裡才能得到滿足。例如在此比較觀察邑義組織與豪族共同體，有一值得注意者，即邑義組織社會的組織原理主要是由佛教信仰所驅動完成，而豪族共同體之建構則主要憑藉於儒學的價値理念。因此，基層社會群體的組成與彼此認同的形成，可能實際情形更爲複雜而多樣化，値得再加以深入探討。

此外，試作擴大的比較觀察與推論。十六國時期以下的塢堡社會當初是起於危機意識而凝聚，然後選擇領袖以道德，增強團結以宗教，這些因素可能皆是維繫群眾認同之所繫。若由此而論的話，邑義組織社會與豪族共同體社會應有重疊互通之處，並非有所衝突了。實際上，在地方社會組織的發展過程裡，可能都涵蓋有上述不同的組織面向，只是後人研究切入角度不同而呈現的面向也不同。而且，馬長壽觀察自十六國至隋朝時期的關中地區，從民族、政治、宗教與婚姻等角度的探討，指出這個地區漸從同姓村發展爲多民族聚居的雜姓村。〔註163〕其研究焦點指出這個地區走向民族融合的發展趨勢，可能其他地區也有這樣的民族融合趨勢。考慮於此，則豪族共同體顯然未考慮到民族因素以及更多複雜的政治社會性因素。所以，各地方社會之凝聚搏成，除了豪族共同體的基礎以外，未來應可作更多角度的觀察與思考。

近年谷川道雄撰有〈六朝貴族的家庭生活及在社會政治上的作用〉一文，〔註164〕更進一步充實豪族共同體論。在貴族家庭生活的維持上，普遍存在著公務與私情兩部份的理念，爲維持家族生活的存在，公必須超越私之上。公表現在家庭的財務上，就必須克制節儉並保留對外賑恤施捨以維繫家庭的社會地位。公在嚴謹的家庭教育禮儀上，仿行朝堂上君臣嚴格的關係以維持家庭成員的關係。他們將公務精神表現於對家的孝行、對宗族的仁恕與對鄉黨的義斷，這些層面就是九品官人法評論任官的關鍵，因爲，當時認爲家政的公務精神可以貫穿連接於國政的公務。因此，他認爲貴族具有公務精神的道德人格，使得家、宗族與鄉黨三層社會組織與國家聯繫起來。谷川道雄從家庭生活角度入手，進一步論述了貴族從精神層面與社會、國家的聯繫與影響。因此，貴族的家庭具有開放性、公共性的本質。此文値得肯定者在於，剖析

〔註163〕馬長壽，《碑銘所見前秦至隋初的關中部族》（北京：中華書局，1985年1月第1版）。

〔註164〕谷川道雄，〈六朝貴族的家庭生活及在社會政治上的作用〉，收入張國剛主編，《家庭史研究的新視野》（北京：三聯書店，2004年4月第1版）。

貴族對政治、社會的理念與行為，而建構出貴族家庭與社會、國家的緊密聯繫關係。